あなたが「一番輝く」
仕事を見つける

最強の
自己分析

天職コンサルタント
梅田幸子

KADOKAWA

はじめに

嫌な仕事で食べていけるほど、世の中、甘くありません。

そんな時代になりました。

まだ古い時代の考えで生きている人は、「好きな仕事で食べていけるほど、世の中、甘くないんだよ」と言うでしょう。

しかし、自分を殺して働く若者の離職率はどんどん高くなり、年齢を問わず、うつやパニック障害といった精神疾患は増えています。

企業は、このような状態を鑑み、入社後のマッチングを重視するようになってきました。その人がやりたい仕事、好きなこと、適性を、慎重に見極めようとしていきます。そのため「お給料は我慢料」だと思っている人は、職に就くことがどんどん難しくなっていきます。

働く人の環境も変わりました。SNS、ブログ、動画……インターネットにより情報は豊かです。したいことができる場を見つけることも、したいことを仕事にして広めることも、簡単にできるようになりました。副業や独立起業も気軽にできますし、会社員の中にも、これらを上手に利用して、顧客との関係づくりに活かしている人もいます。

モノもサービスもあふれる中、何を選ぶか以上に、「誰から買うか」「誰が勧めるか」「自分の感性にあうモノ・サービスか」が判断基準になってきています。自分のまわりはときめくものだけにしようという考えも広まりました。AIの進化も著しい。今後ますます、嫌な仕事を我慢しているしかめっ面の人は、生きづらくなっていきます。

逆に、個々が自分らしく天職を生きることが許される時代になったといえます。もう個性を活かして働くのは、一部の特別な人だけのものではなくなったのです。

『3つの自己分析』であなたが手にするもの

改めまして、こんにちは。天職コンサルタントの梅田幸子です。

3社で主に人財採用や育成の仕事をしたのち、個人のキャリアをサポートしたいと2005年に独立しました。同時に、企業の採用や人財に関するアドバイスもしています。

個人のキャリア相談では、「心が喜ぶこと」と、その人が無理なく自然にしている「強み」がかけあわさった仕事を見つけ、天職へつなげるコンサルティングをしています。同時に、生きづらさを解消し、天職を実現するための、心や身体を育てるアプローチも行っています。

相談に来られるのは、会社員、学生、ニート、経営者、フリーランス、著者、アーティストなどさまざまです。人生の選択肢の可能性を感じる毎日。

本書ではそのノウハウを「自己分析」にアレンジしてご紹介します。

自己分析セミナーの依頼は、独立当初、30名程度のグループワーク形式の講師が多かったのですが、２００９年に発売となった『あなたの天職がわかる 最強の自己分析』（当社刊）はお陰様でヒットし、大規模なセミナーに講師として呼ばれることも増えました。

数百名となると、わたしが全員のワークを見て個別にアドバイスすることはできません。そこでわかった「ひとりだとつまずきやすい部分」を改良し、「進めにくいワーク」を差し替えてつくり直したのが本書です。

また、企業や業界団体からの依頼で、採用面接や面接官研修も行っています。これまでに面接した人数は、４０００名以上、書類選考だけならば、少なくとも4～5万人になると思います。そして、面接官や社長の採用現場での生々しい言動も毎年見ています。このような採用側の本音を踏まえてアドバイスしていきます。

本書は、

- 仕事はつらいものだと思っている。自分が輝ける仕事があるとは信じられないけれど、あるなら目指したいと思っている人
- 自分を生きると決めたけれど、自分は何が好きで、何が得意なのかが、まだよくわからない人
- 好きな仕事に就いているはずなのに、なんか、もやもやしている人

のために書きました。本書で取り組んでいただく、『3つの自己分析』と『仕事選び』で、あなたが一番輝く、喜びで満たされる仕事＝天職を手にすることができます。

天職とは、3つの意味を込めています。ライクワーク（like work）、ライフワーク（life work）、ライトワーク（light work）です。

ライクワークは、大好きで向いている「やりたい！」と思う仕事。ライクワークを生きる人は、仕事が楽しく、やる気もあって、うきうき、ワクワク、パワフルです。

ライフワークとは、生まれてきた使命や夢、志に生きる仕事。本来の自分らしさを活かして人の役に立ち、喜びを共有する働き方です。好き嫌いを超え、わき出るようなモチベーションで生きているので、とてもエネルギッシュです。

ライトワークとは、天命で動く仕事。自我を超え、天からの命令で動かされる仕事

です。それは本人の魂の喜びでもあり、その人らしさを存分に活かせる仕事。

本書では、これらを含めて天職とし、「心が喜ぶ仕事」と呼んでいます。あなたのステージにあわせて、しっくりくる意味を当てはめながら読み進めてください。

これらに対するのがライスワーク（rice work）。生活費を稼ぐために、ストレスを抱えながら嫌々する仕事です。とはいえ、モノにあふれ、社会保障もある今の日本で、働かないからといって餓死することはありません。ですから、純粋に食べるために働くことは、モチベーションとしては弱いです。

それでもなぜ、人はライスワークを選ぶのか。

それは、人間関係です。人は個体としては弱い動物。仲間との協力によって強くなりました。つまり人間にとって、仲間からはずされることは死活問題なのです。だから人は、嫌われないように、認められるように、間違えないように、自分を殺して働いてしまうのです。

完璧な未来と、心が喜ぶ未来は違う。他人軸を卒業して、天職を生きよう

真面目でいい人、正義感の強い常識人という「他人軸」バリバリだったわたしですが、自分らしく、自由に仕事をし、遊ぶようになるほどに、信頼できる仲間や慕って

くれる人たちが増えてきました。

それは、昔、特別な人だけのものだと思っていました。

でも、違ったんですね。本当は、自分らしさを押し殺すことこそが人間関係を悪化させる原因であり、成功しても幸せじゃない根源だったのです。

個人のキャリアの相談に乗ってきた経験、数十社での4000名以上の面接、そして自分自身の変化を通して、自分らしくあることが、幸せに成功し、人間関係も豊かにするのだと実感しています。

あなたの「喜び」と「得意」を表現すること、「苦手・ストレス」を堂々と避けていくことが、天職への道であり、幸せな人間関係を築く秘訣でもあります。

「誰にでも自分らしさを活かして、イキイキと輝ける天職がある」

出逢いの数が増えるたびに、確信を深めています。

では、あなたの輝かしい未来にめいっぱい大きな期待をして、あなたが「一番輝く」自己分析を今からはじめていきましょう。

梅田　幸子

この本の構成

本書は、1～4章までさまざまな自己分析をして、5章の仕事選びにつなげていきます。

第1章　幸せで充実した仕事選びとは

この本全体の考え方、概要を学ぶ章です。

あなたらしく輝き、幸せで充実した人生を歩むために、どのような視点で仕事選びをしたらいいのかを学びます。

↓

第2章　「心が喜ぶ仕事」を見つける自己分析

2つのワークから、あなたがどんな仕事に心が喜ぶかがわかります。

本書のワークの中でも、とても重要なものです。

ここから「喜びの源泉」を見つけ出し、仕事選びの方向性を定めます。

↓

第3章　「仕事で活かせる強み」を見つける自己分析

4つのワークから、あなたの「得意」を見つけ、磨くことができます。

誰にでも、「得意」なことはあります。

仕事で活かせるあなたならではの強みを発見してください。

↓

第4章　「苦手で耐えられないこと」を知る自己分析

ミスマッチを防ぐための「苦手分析」をします。
苦手を知ることで、自己分析に深みが出るだけでなく、
面接や入社、独立起業もうまくいきますよ。

↓

GOAL

第5章　「心が喜ぶ」×「得意」ゾーンの仕事選び

1～4章までの自己分析をもとに、仕事選びをします。

「仕事選びのポイント」の見つけ方や、キャリアビジョンの考え方を解説していきます。

あなたにとって幸せな仕事を見つけてくださいね！

Contents

あなたが「一番輝く」仕事を見つける最強の自己分析

第3章 「仕事で活かせる強み」を見つける自己分析

第4章 「苦手で耐えられないこと」を知る自己分析

第5章 「心が喜ぶ」×「得意」ゾーンの仕事選び

装幀／cloverdesign（吉村朋子）
帯イラスト／けーしん
本文デザイン／ムーブ

※本書は、2009年1月に当社より刊行された『あなたの天職がわかる 最強の自己分析』に大幅な加筆をし、再編集して刊行するものです。

第1章

幸せで充実した仕事選びとは

この章で
すること・わかること

1章では、あなたらしく輝き、幸せで充実した人生を歩むために、どのような視点で仕事選びをしたらいいのかを学びます。

- 「心が喜ぶ」と「得意」が両立する仕事とは?
- 「ストレス」で「苦手」な仕事とは?
- 「ストレス」だけど「得意」な仕事を選んだら?
- 「心が喜ぶ」けれど「苦手」な仕事を選んだら?

01
「心が喜ぶ」×「得意」の仕事を選ぶ

好きな仕事をしたい……、得意なことを仕事にしたい……。

その願いを実現するために、自己分析は２つの視点からはじめましょう。

１つ目の視点：喜びを感じるか、ストレスを感じるか

２つ目の視点：得意か、苦手か

左ページの表を見てください。２つの視点を縦軸と横軸にとって、仕事を４つの種類に分類してみました。

それぞれのゾーンの特徴を簡単に説明します。

◐天職のマトリクス◑

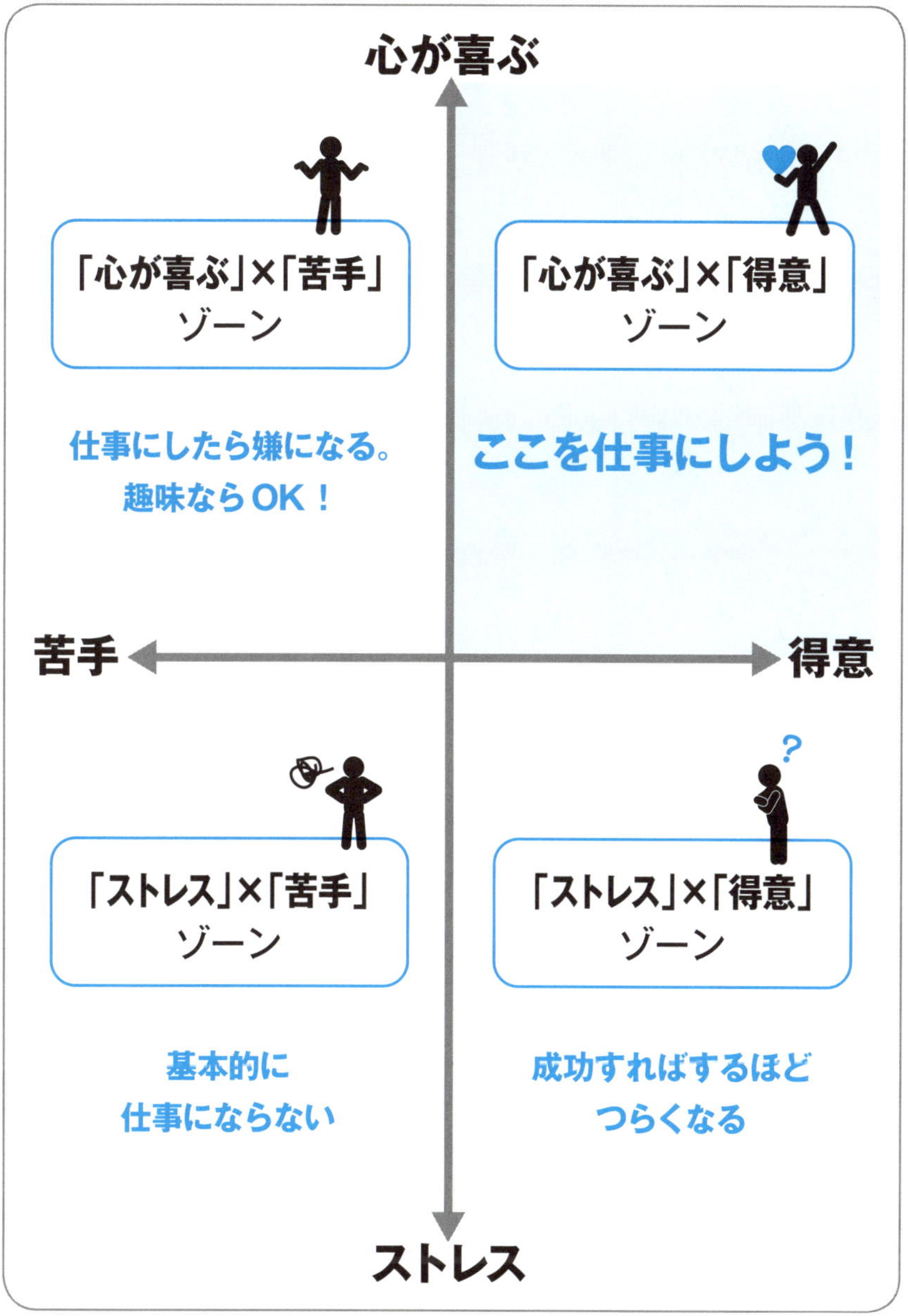
心が喜ぶ
「心が喜ぶ」×「苦手」
ゾーン
仕事にしたら嫌になる。
趣味ならOK！
「心が喜ぶ」×「得意」
ゾーン
ここを仕事にしよう！
苦手
得意
「ストレス」×「苦手」
ゾーン
基本的に
仕事にならない
「ストレス」×「得意」
ゾーン
成功すればするほど
つらくなる
ストレス

「心が喜ぶ」×「得意」で仕事を選ぼう

あなたらしさを活かして、イキイキと輝くことができるのは、右上の**「心が喜ぶ」×「得意」ゾーンの仕事**です。

このゾーンは、その仕事をしているだけで喜びを感じられるうえに、得意なことなので早く成長できます。成長したぶん、お客さまや社内の人など、まわりの人から感謝されることが増え、ますます仕事がおもしろくなります。

また、大好きで喜びあふれる仕事なら、少々大変なことがあっても、乗り越えることができますよね。得意なことなので、取り組んだぶんだけ成長します。

すると成果が出て、実績ができます。信頼され、認められます。

信頼や感謝が原動力になって、より大きな力を発揮することができます。

こんないい循環がはじまると、不思議と応援してくれる人が集まってきますし、経済的にも安定します。自信と誇りがもてるので精神的にも満たされた状態です。

これこそが、この本を通してあなたに手にしていただきたい未来なのです。

これは「心が喜ぶ」×「得意」ゾーンの仕事で実現できるのですが、天職コンサルティングで一番多い相談は「やりたいことがわからない」。次に「得意なことがない。強みがわからない」という相談。あなたも「心が喜ぶ」×「得意」ゾーンの仕事なんてあるのだろうか？　と不安に思われるかもしれません。

大丈夫。安心してください。

わたしが面接した4千名、そしてコンサルティングでお会いした数千名の中に**「この人は、『心が喜ぶ』×『得意』ゾーンの仕事に就くのは無理だろう」と感じた人は1人もいません**でした。

誰もが「喜びの源泉」と「得意の種」をもっています。しっかり見つけて育ててあげたら、誰でも「得意」で「心が喜ぶ」仕事を手にすることができるのです。

では、ほかのゾーンを仕事にした場合も見ておきましょう。

「ストレス」×「苦手」では、基本的に仕事になりません

もっとも選んではいけないのは、左下の「ストレス」×「苦手」ゾーンにある仕事です。このゾーンの仕事に応募しても不採用が続くでしょうし、万が一採用されたら、つらい日々になる可能性が高いです。

職場で「仕事ができない」「やる気がない」とレッテルを貼られている人の多くは、「ストレス」×「苦手」ゾーンの仕事をしています。本人はがんばっているつもりですが、本当はしたくないことなので心の底から気持ちを込められず、周囲からはやる気がないように見られます。

しかも苦手なので、がんばりが成果に結びつきにくいのです。そうすると次第に、その人はがんばりを評価しない周囲を責めるか、自信がもてずに自分を否定しはじめます。不満や不安が多い人生を送ることになってしまうのです。

わたしの場合、このゾーンに当てはまる仕事は経理です。「たんたんとミスなく入力」という作業は、短い時間でもストレスを感じてしまいます。

「ストレス」×「苦手」ゾーンの仕事でつらい毎日を送るより、「心が喜ぶ」×「得意」ゾーンの仕事を目指しましょう。

「ストレス」×「得意」だと、成功すればするほどつらくなる

「お給料は我慢料」という言葉があるように、日本人は右下の「ストレス」×「得意」ゾーンの仕事を選ぶ人が多いです。このゾーンの仕事に就くと、得意なので成果

が上がり、認められます。会社員ならお給料が上がり、昇進もするでしょう。独立していればお客さまがどんどん増え、売り上げも利益も増えていきます。

しかし、物質的に満たされ、社会的に認められても、毎日ストレスが大きな仕事をしている本人には充足感がありません。

このゾーンの特徴は、自分らしさを押し殺しているので、がんばればがんばるほどストレスが大きくなることです。また、本来の喜びとは逆の方向に進んでいるので、力をつければつけるほど喜びから遠ざかってしまいます。

あなたには、「得意だけれど喜びを感じないこと」はありませんか?

たとえば、次に挙げることは「ストレス」×「得意」ゾーンに入ります。

- **上手にできるけれど退屈なこと**
- **人によく頼まれたり、ほめられたりするけれど、あまり好きだとは思わないこと**
- **人に喜ばれるのはうれしいが、それをすること自体にはわくわくしないこと**

人に喜ばれてうれしい気持ちと、自分の中からわき出てくる喜びを混同しないように気をつけてください。最初は人に喜ばれるのがうれしくてがんばれます。しかし、体の奥から喜びを感じられないことは長続きしません。

◐「ストレス」×「得意」ゾーンの仕事を選んだら…◑

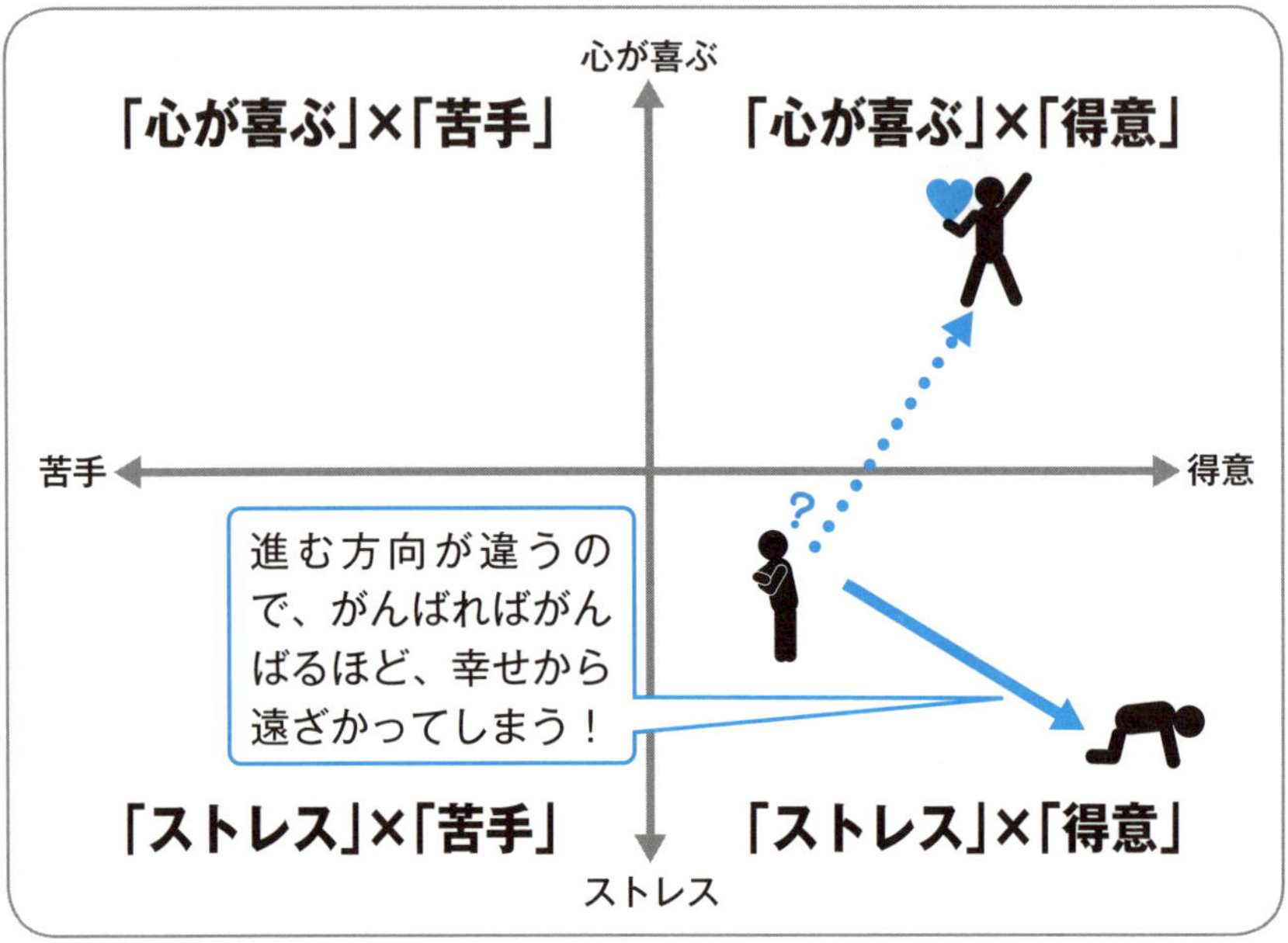

わたしの場合、このゾーンに当てはまる仕事は、パソコンのタイピングです。

以前、パソコンスキルを診断してもらう機会がありました。指定された文章を10分間パソコンに打ち込み、タイピングのスピードをレベル分けするというもの。

その結果に驚きました。なんと、「スーパー・オペレーター・レベル」。プロのオペレーターの中でも、もっとも早いレベルだったのです。

わたしにとってタイピングは得意な仕事のようです。

しかし、先ほどの経理の話

を聞いてお気づきでしょう。「たんたんとミスなく行なう作業」はわたしにとってはストレス。だから、タイピングは得意ですが仕事にはしません。

このゾーンの特徴は、がんばればがんばるほどストレスが大きくなり、力をつければつけるほど喜びから遠ざかってしまうこと。

能力が高くて、器用ながんばり屋さんが陥ってしまいがちなゾーンです。

キャリアアップを繰り返し、世界的な大企業で役員になろうかという人がコンサルに来て、「あと10年も続ける気力がない」と言い、複数店舗を構えるほどに成功した経営者たちからも、「成功したけど、むなしい・さみしい」「うつになった」と相談を受けます。

「得意」で「ストレス」な仕事は、経済的に成功し、地位や名誉は得られるかもしれませんが、自らの魂の喜びとはズレているため、幸せではないのです。

「心が喜ぶ」×「苦手」は、好きなことを嫌いに変える

左上の「心が喜ぶ」×「苦手」ゾーンは、要注意です。

◐「心が喜ぶ」×「苦手」ゾーンの仕事を選んだら…◑

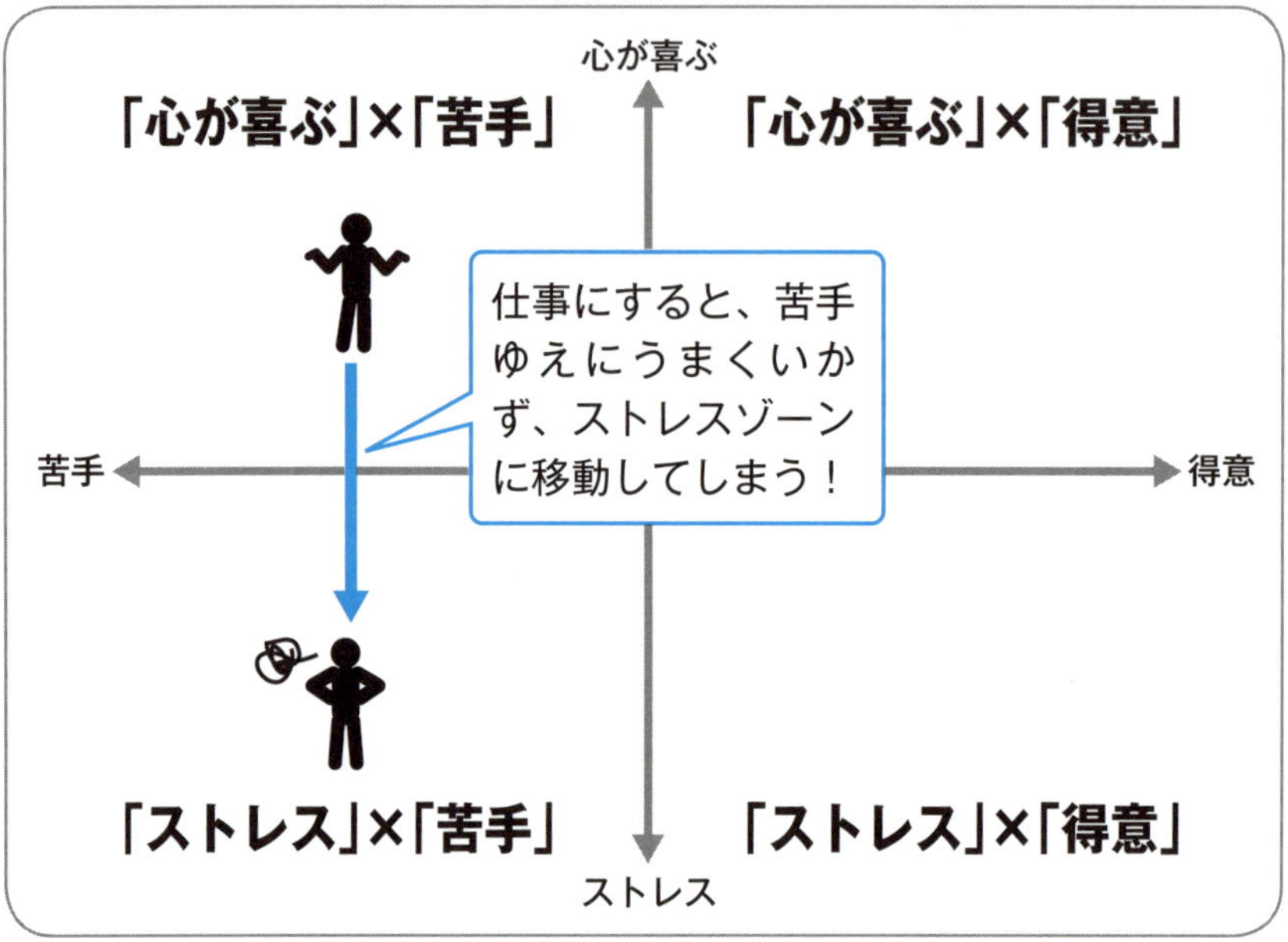

心が喜ぶことならば、苦手であっても仕事にしてもいいと考えてはいませんか？

やる気と熱意を買われて、苦手な仕事でも採用されることがあります。

しかし、苦手なことでは成果を出しにくいものです。

成果が出せないため、まわりから評価されず、自分自身の仕事ぶりに納得できなければ、仕事はどんどんおもしろくなくなってしまいます。

「心が喜ぶ」仕事を選んだはずが、結果として、「ストレス」×「苦手」ゾーンへ入り込んでしまうのです。

02
「心が喜ぶ」ことを考えよう

では、最初のワークです。

まず、これまでの人生を振り返って「心が喜ぶ」ことを思い出してください。それぞれの時代ごとに、たとえば以下のようなことを意識してみましょう。

●何に熱中していましたか？　時間を忘れるほど夢中になったことは？
●心が喜ぶ瞬間は、どんなときですか？
●楽しい思い出はありますか？　うれしかったことや、うきうきしたことは？
●何が好きでしたか？
●心穏やかに取り組めることは何ですか？
●楽しい時間、満たされた気持ちになるのはどんなときですか？

次のページの『心が喜ぶことリスト』に書き出してみましょう。

シート①『心が喜ぶことリスト』

「うれしい」「楽しい」「夢中になった」「好き」「喜び」「満足」「快適」「幸せ」「愉快」「うきうき」「わくわく」「心が躍る」「充実感」といったキーワードで思い出すことは何ですか？　それぞれの時代について思い出してみましょう。
幼少のとき
小学生のとき
中学生のとき
高校生のとき
学生時代
大人になって
最近、夢中になっていること、楽しいこと、うれしいことは何ですか？

ここに挙げたことを分析して心が喜ぶ仕事を見つけましょう。では、2章へ！

第2章

「心が喜ぶ仕事」を見つける自己分析

この章で
すること・わかること

2章では、2つのワークを行ないます。
●なぜなぜマップ
●5W3H法
これらのワークから、
どんな仕事に心が喜ぶのかがわかる！
やる気の源泉がわかる！
仕事選びの方向性が見えてくる！

03

「好きなことを仕事に」の勘違い❶
好きなことに「かかわる」仕事を探す

ここからは、仕事選びで陥りやすい失敗を題材に、自己分析を進めていきます。

一番多い失敗は、**「好きなことにかかわる仕事」**を探すこと。好きなことにかかわる仕事を探すと次のような2つのミスが起こりえます。

①好きなことを仕事にするのは難しいとあきらめてしまう
②好きなことにかかわる仕事に就いたのに、ストレスの多い毎日となってしまう

それぞれの例を見ていきましょう。

「好きなことを仕事にするのは難しい」とあきらめた瑞穂さん

プロのサッカー選手を目指していた瑞穂さんは、けがをしてプロを断念。

その後、サッカーにかかわる仕事を探しはじめたところ、瑞穂さんの頭の中は、ポジティブな言葉とネガティブな言葉が交互に出てきました。

★中学校や高校で、サッカー部の顧問になってコーチができたら楽しいな ⬇ いや、今から教員採用試験の勉強をするのは大変だ。教員になれたとしても、サッカー部の顧問ができるとは限らないし。ほかにサッカーにかかわる仕事はないかな?

★スポーツジャーナリストという仕事はおもしろそう。サッカー選手を応援したり、サッカーのすばらしさを伝えたりできるぞ ⬇ 待てよ。新聞社もテレビ局も人気業界で難関だ。そもそも文章を書くのはあまり得意ではないから無理だろう。

★じゃあ、スポーツメーカーだ! サッカーのユニフォームやスパイクづくりで選手を支えられるぞ ⬇ OB訪問で話を聞くと、営業職はすべての商品を取り扱うらしい。サッカー以外の商品がボクに売れるかな?

★サッカー場のグラウンド整備の仕事で求人があった ⬇ なんだか、わくわくしない。

……好きなことを仕事にするのは難しいなあ。仕事は仕事で探して、サッカーは休日に楽しんでストレス発散するか。

こうして瑞穂さんは「好きなことを仕事にするのは難しい」とサッカーにかかわる仕事を探すのをあきらめてしまいました。

好きなことを仕事にしたのにストレスだった豊さん

学生時代にバンド活動をしていた豊さんは、音楽が大好きでレコード会社に就職しました。無名のバンドを見つけてプロデュースする仕事です。「好きな音楽にかかわっていたら幸せ。才能のある人を世に出すのはやりがいがあるだろう」と思っていました。しかし、仕事になれてきたころ、満たされていない自分に気づきます。今の仕事は自分が本当に求めているものなんだろうか……。転職すべきか我慢して続けるべきか悩んで、天職コンサルティングにいらっしゃいました。

豊さんはバンド・音楽のどんなところに喜びを感じていたのでしょうか。

作曲して音をつくり込んでいく作業が好きで、音づくりに入ると1週間スタジオにこもることもありました。そして自分がつくった曲で聴いた人の気持ちが癒やされたり、生活が華やいだりするのが喜びでした。

大好きな音楽にかかわるレコード会社で喜びを感じられなかったのは、「集中してつくり込む」ことも「自分の曲で人を癒やす」こともできなかったからですね。

好きなことにかかわるからといって、好きな仕事だとは限らないのです。

本当に「好きな仕事」を見つけるには

好きなことを仕事にするために大切なのは、それを好きだと思う「理由」を考えることです。好きなスポーツ、趣味、教科、よく買っているもの、好きな本、人……。あなたはそれのどこに魅力を感じているのでしょうか？

サッカーが大好きだという2人に、「サッカーの魅力は何ですか？」と聞いてみました。この2人の〝好きの理由〟に、心が喜ぶ仕事を見つけるカギがあります。

【Aさん】練習をすればするだけ上達していくのがおもしろいんですよ。難しい技を新たに身につけていくのは、なんとも言えない達成感があります。それを試合でも使えたら、さらに嬉しいです。

【Bさん】僕のやりがいは、試合に勝つという共通の目標に向かって、チームのみんなと協力することです。仲間と一緒だからがんばれる。意見のぶつかりあいを乗り越えて、一体感を得られる瞬間がたまらないんです。

2人ともサッカーが大好きですが、サッカーに魅力を感じる理由は違っていました。この2人の「好きの理由」から読み解けることがあります。

Aさんは、新しい技をマスターすること、そしてマスターした技を活用できることが、達成感であり喜びです。

仕事も新しい技術を身につけ、それを使えたと成長を実感できるものであれば、充実感を味わえるでしょう。

Bさんの喜びは、チームのメンバーとの一体感ですね。

「仲間と団結して同じ目標に向かう」という働き方を選ぶのがよさそうです。コメントからは、仲よしクラブ的な仲間ではなく、真剣に本音でぶつかりあえる仲間を求めているようですね。

こんなふうに、好きなことを魅力に感じる「理由」を考えていくと、本当に好きだと思える仕事に近づいていきます。

では、好きなことの「理由」を『なぜなぜマップ』で掘り下げましょう。

04 喜びの源泉を見つける『なぜなぜマップ』をつくろう

前項の「好きなことの理由」を詳しく考えるために、『なぜなぜマップ』をつくってみましょう。なぜなぜマップとは、3つの質問で好きなことを掘り下げていき、〝喜びの源泉〟を見つけることができる自己分析ワークです。あなたにとって宝の地図になること間違いなしです。

『なぜなぜマップ』のつくり方　38〜39ページに書き込みましょう！

ステップ1

真ん中のハートの中に、26ページで書き出した好きなことや好きなものを1つ選んで書き込んでください。選ぶものは、趣味でも、仕事でも、勉強でも何でもかまいません。

ステップ2

好きなことのまわりに、その魅力やおもしろさを具体的に書いてみましょう。

「なぜ、それが好きなの？」

「なぜ、そう感じるの？」

「それを魅力だと思うのはどうして？」

「どうしてそんなに夢中になったんだろう」

答えに対しても、さらに「なぜ？」「なぜ？」を繰り返します。少しでも「好き」「幸せ」「楽しい」「おもしろい」「うれしい」と思う理由は、何でも書き出してくださいね。

ステップ3

ちょっと行き詰まったら、「具体的には？」という質問をはさんでみましょう。


「その魅力をもっと具体的に言うと、どういうこと？」

「その喜びを感じるのは、具体的に、どんなときだろう？」

「どんなことを考えながらしている？」

頭の中に浮かぶ具体的な言葉を書き出してみてください。

書き出した具体的な内容について、再び「なぜ？」と繰り返し、深めていきます。

ステップ4

発想を広げる質問、「ほかには？」も活用しましょう。


「ほかに魅力はないかな？」

「ほかにどんな楽しみがあるだろうか？」

「ほかの人は、何を喜びだと感じているのだろう?」(自分と共通すると思ったら追加)

ステップ5

ステップ2〜ステップ4で出しきったら、ゆったりとした気持ちで『なぜなぜマップ』を眺めてみましょう。あなたの傾向が見えてきませんか?

※次ページの奈緒美さんの例を見てください。「旅行が好き」からスタートして、次のような喜びの源泉が見えてきました。

●立場や要望が違う人すべてが満足するプランを考えること
●期待以上の何かを提供すること

ステップ6

1章のシート①(26ページ)に書き出したほかの喜びについても『なぜなぜマップ』をつくってみましょう。

ステップ2〜ステップ5がなかなか進まない人は、「モノ」ではなく、あなた自身が動く事柄から取り組んでみてください。

「映画」よりも「ギターを弾く」とか「プレゼン資料をつくる」といったほうが、最初はつくりやすいはずです。

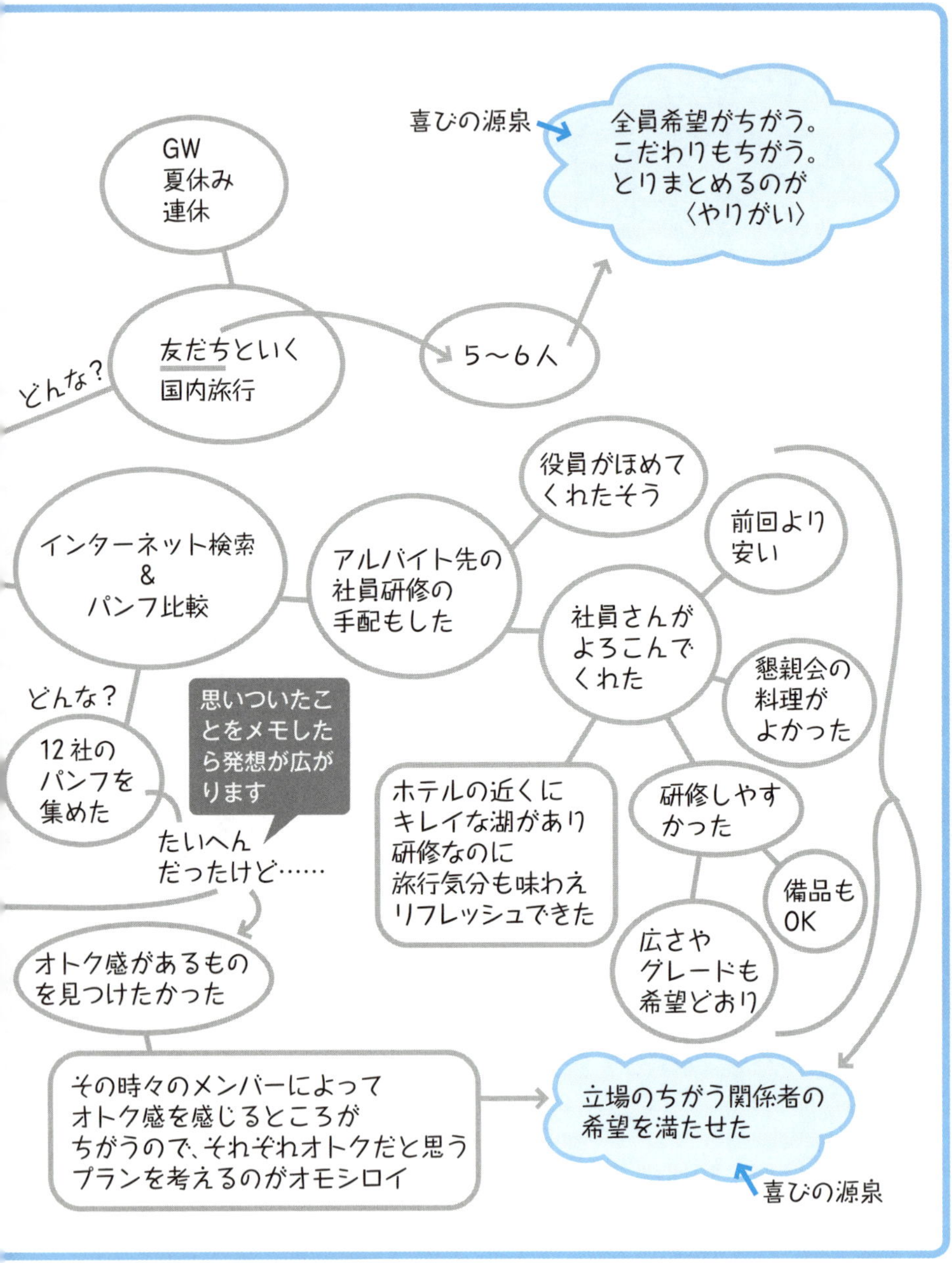
喜びの源泉
全員希望がちがう。
こだわりもちがう。
とりまとめるのが
〈やりがい〉
GW
夏休み
連休
どんな？
友だちといく
国内旅行
5～6人
役員がほめて
くれたそう
インターネット検索
&
パンフ比較
アルバイト先の
社員研修の
手配もした
前回より
安い
社員さんが
よろこんで
くれた
懇親会の
料理が
よかった
どんな？
12社の
パンフを
集めた
思いついたことをメモしたら発想が広がります
たいへん
だったけど……
ホテルの近くに
キレイな湖があり
研修なのに
旅行気分も味わえ
リフレッシュできた
研修しやす
かった
備品も
OK
広さや
グレードも
希望どおり
オトク感があるもの
を見つけたかった
その時々のメンバーによって
オトク感を感じるところが
ちがうので、それぞれオトクだと思う
プランを考えるのがオモシロイ
立場のちがう関係者の
希望を満たせた
喜びの源泉

『なぜなぜマップ』サンプル　奈緒美さんの例

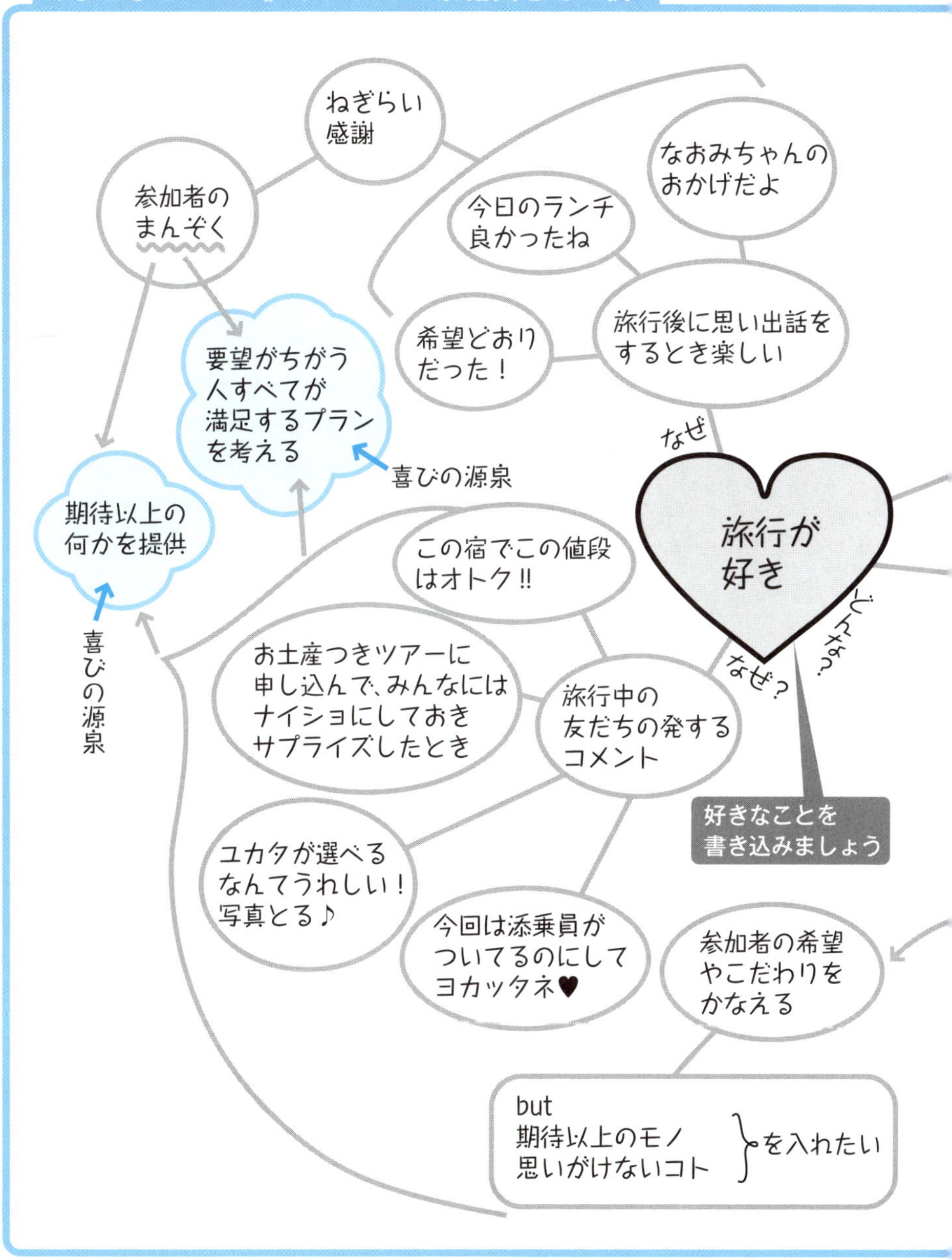
ねぎらい
感謝
参加者の
まんぞく
なおみちゃんの
おかげだよ
今日のランチ
良かったね
要望がちがう
人すべてが
満足するプラン
を考える
希望どおり
だった！
旅行後に思い出話を
するとき楽しい
なぜ
喜びの源泉
期待以上の
何かを提供
旅行が
好き
この宿でこの値段
はオトク!!
どんな？
なぜ？
喜びの源泉
お土産つきツアーに
申し込んで、みんなには
ナイショにしておき
サプライズしたとき
旅行中の
友だちの発する
コメント
好きなことを
書き込みましょう
ユカタが選べる
なんてうれしい！
写真とる♪
今回は添乗員が
ついてるのにして
ヨカッタネ♥
参加者の希望
やこだわりを
かなえる
but
期待以上のモノ
思いがけないコト
を入れたい

シート②『なぜなぜマップ』

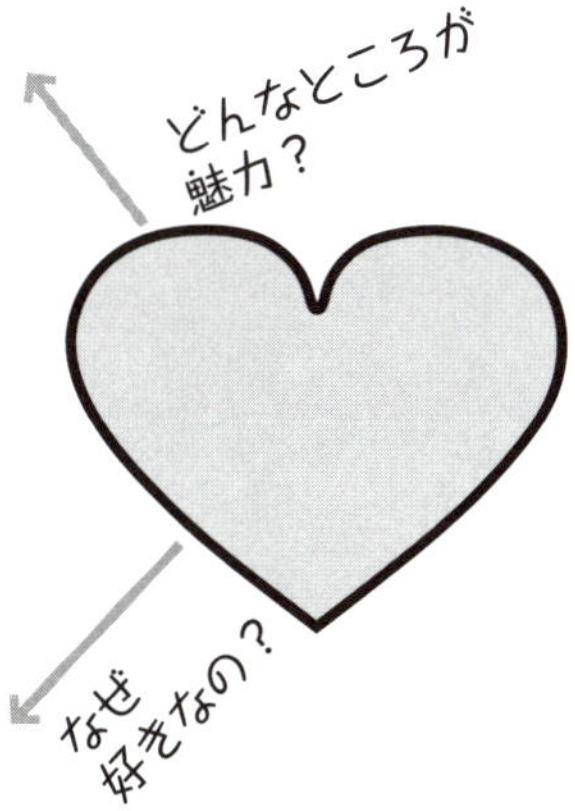

05 「好きなことを仕事に」の勘違い❷
ロジカルに考えすぎる

「好きなことを仕事にしたい」と思う人の2番目に多いミスは、本当は求めていないことも、それが喜びややりがいだと**ロジカルに（理屈で）考えて自分を説得してしまうことです。**

ある講座の模擬面接で、テニスをしている人が偶然6人いました。喜びの源泉を聞こうと、みなさんにテニスの魅力を話してもらったところ、全員「テニスは個人プレーに見えますが、実はチームプレーなのが魅力です」と言うのです。

でも、本当に「テニスの魅力はチームプレーだ」と思っているように感じたのは1人。ほかの5人は本心だとは思えませんでした。あとで聞いてみるとこんな声が挙がりました。「仕事はチームプレーだから、チームプレーが好きな人だと思われたかったし、実際そのおもしろみも感じてはいました」。

チームプレーも魅力の1つかもしれませんが、彼らが本当に喜びを感じていたのは

別の理由だったのです。

ロジカルに考えすぎると、本当はそんなに好きではないことも「好きに違いない」と思ってしまい、自分をだまして、好きではない仕事を選んでしまう可能性が高まります。

しかし、面接官はだまされません。

ある程度トレーニングを積んだ面接官は、「1対1で15分話せば、ウソはわかる」と口を揃えて言います。

あなたもこれまでに、「この人の言うことはウソくさい」とか、「本音を話してくれていないなあ」「正論かもしれないけれど、響かないなあ」と感じたことがあるのではないでしょうか。「心を開く」「肚《はら》を割って話す」という言葉が示すように、本心でない想いは伝わらないので、いい結果になりづらいものです。

ですから、**「自分自身が感じる魅力」に焦点を当てて**ください。

人は、洗脳されやすい動物です。諸説ありますが、ある研究によると、人は7回同じことを言われたら、それが正しい自己認識だと思い込む性質があるそうです。そして、いったん認識したことでも、違う情報を10倍インプットすると上書きされるのだとか。

ということは、自分の気持ちだと思っていることの多くが洗脳されたものなのかもしれません。世の中の常識や固定観念、友だちと話した「○○なところがおもしろいよね」という何気ない会話、親や先生からの教訓、報道……。わたしたちは、いろんなものから影響を受けています。

頭でロジカルに考えるのではなく、感情・感覚に敏感になりましょう。あなたの本当の「喜びの源泉」になっているのは何でしょうか?

06 「ハート」や「肚《はら》」と対話しよう

38～39ページでつくった『なぜなぜマップ』には、「喜びの源泉」が書き出されていますね。ここからは、「吟味する」という段階に入ります。書き出したことが本当に自分自身にとって喜びなのかどうか、自分のハートに問いかけるのです。

深呼吸して、心を落ち着けてください。書き出されたものを1つひとつ眺めながら、そのときの状況や気持ちを、ゆったりと想像してみましょう。

そして、自分の〝ハート〟〝肚〟に問いかけてください。


「楽しい？」

「うきうきする？」

「満たされている？」

「わくわくしている？」

「心が穏やか？」

「幸せ?」

その状態を想像して本当に幸せな気分になったら、答えはYES。書き出した項目の上に「○」をつけましょう。ハートや肚がNOと言ったら「×」をつけて。ほかの人にとっては喜びの源泉でも、あなたにとってはそうではありません。

「うきうきする気持ちもあるけれど、なんだかもやもやした気持ち」ならば、「?」マークをつけましょう。

色分けしてもいいですね。「YES」であれば赤色で囲み、「うきうき&もやもや」と答えたら黄色、と分類すると、わかりやすいです。

ひととおり「○」「×」「?」をつけたら、「?」をもう少し具体化してください。具体化する質問は、これまでしてきたのと同じ。「なぜ?」「具体的には?」「ほかには?」です。

そこで○がついたものを眺めてみましょう。

どんなことに喜びを感じるのか、傾向が見えてきたのではないでしょうか。

それがあなたの「喜びの源泉」です。次のページにメモしておきましょう。

シート③　ハート・肚と対話したあとの喜びの源泉

『なぜなぜマップ』で○がついたものを、箇条書きしてみましょう。

【例】●人と話すことが好き　●チームワーク　●期待以上の何かを提供する

解説

『なぜなぜマップ』の効果を高めるために

◉何度か見直そう

ハートや肚と対話する作業は、1回だけではなく1週間後や1カ月後など、期間を空けて何度か取り組むと一段と効果があります。1回目に「○」にしたものが、見直すと「×」や「?」になることもあるからです。

◉「×」や「?」がなかった人は?

「×」や「?」がない人は、2つのタイプに分かれます。直感タイプと、理性タイプです。それぞれのタイプの対応策についてお話ししておきましょう。

【直感タイプとは……】

普段から好きなことをしている人、直感が強い人、『なぜなぜマップ』をつくるときに無意識に本音と対話していた人です。

「好き」「うれしい」「楽しい」「幸せ」という気持ちを感じながら書き出しているので、「×」や「?」になることをもともと書いていないのです。だから「×」や「?」があまりないのは当然。無理に優先順位をつけて削除する必要はありません。

【理性タイプとは……】

日本人に多いのですが、「忍耐は美徳だ」とか「好き・嫌いでものごとを決めてはいけない」と育てられたため、感情を押し殺して生きている人です。

たとえば、足を骨折して1カ月ギプスをしていると、使わない筋肉は細くなり、ギプスをはずしても、すぐには思うように歩いたり走ったりできません。

同じように感情や感覚を押し殺していると、感じる筋力が落ちて、いざ感じようと思っても、うまくできないのです。だから、うきうき・わくわくするのかしないのかを感じにくく、「〇」「×」「?」の見分けがつかないのです。

「心が喜ぶ」×「得意」な仕事をして幸せで充実した人生を送るには、ハート・肚と対話して本当に自分が求めるものを感じる力が不可欠です。感情・感覚の筋力が弱っている人は、これからきたえて取り戻していきましょう。

日常のささいなことから、ハートと対話して決めるとよいですよ。

たとえば、「今、何が食べたい?」。健康にいいとか、値段が安いといった思考を取っ払って、心や体が求めるものを感じてみましょう。まずは、すぐに実現できなくてもOK。感情・感覚に敏感になる練習として、問いかけをはじめてみてください。

3〜5章と続く自己分析ワークでも、ハート・肚との対話の場面が出てきます。ワークでも感情・感覚の筋力を復活させていきます。ここで立ち止まらずに先へ進みましょう。

07

「好きなことを仕事に」の勘違い③ 喜びの拡大解釈

喜びの源泉を見つけたら、仕事選びをしたくなるかもしれませんが、もう少し我慢してください。好きなことを仕事にしたい人が犯しやすいミスがもう1つあるのです。それは、「喜びの拡大解釈」です。

喜びの拡大解釈とは、**言葉のイメージに引きずられて、もともとの意図とは異なる仕事をやりたいと解釈すること**です。

好きな仕事を選んだつもりが、興味をもてなかったりストレスが多かったり、ということがあるのです。

陽子さんの例を参考にしましょう。陽子さんは、「ものづくり」が喜びの源泉だと思って就職活動をしました。しかし、不採用が続き、天職コンサルティングを受けました。

【陽子さんの例】

陽子さんが「ものづくり」が喜びの源泉だと思ったのは、こんな経験からです。

①小学校時代は学級新聞委員に。いつも人が驚くものをつくろうと工夫していた。

②高校時代には、学園祭の出し物の集客用チラシのデザインに力を入れた。

③大学の学園祭では、サークルで焼きそば屋を出店。新メニュー「デカエビ塩焼きそば」をつくって、売り上げアップに貢献。

⬇

わたしの喜びの源泉は「ものづくり」だ!

そして、「ものづくり」をキーワードに選び、実際に応募したのは次の求人でした。

●ゼネコンの営業（総合建築業界。ビルや橋や道路、ダムなどをつくる会社）

●システム会社のSE（コンピューターシステムをつくるエンジニア）

●自動車メーカー、アパレルメーカー、鋼材メーカーなど製造業全般

●広告代理店の制作（テレビCM、ポスター、販促グッズなどをつくる）

●携帯電話などに使われる極小ネジの製造会社

●住宅コーディネーター（家を建てる人の希望を聞いて、必要な内装建材を手配し、

建築現場で施工管理担当者と折衝しながら完成する、家づくりの仕事）
●教育業界のテキスト開発（テキストをつくる仕事）
●劇団（ミュージカルをつくる会社）
●信託銀行（地元でものづくりをしている工場を金銭面でサポートする）

陽子さんはなぜ不採用になったのでしょうか。

陽子さんが応募した求人はたしかに「ものづくり」をしていますが、「ものづくり」の〝種類〟や、陽子さん自身の〝かかわり方〟は大きく異なります。

陽子さんは、自分の手で何かをつくりたいのでしょうか。それともものづくりをしている会社に入りたいのでしょうか。コンピューターシステムをつくる仕事とダムをつくる仕事、テレビCMをつくる仕事は、同じ喜びでしょうか？

陽子さんは言葉のイメージに引きずられて、もともとの意図とは異なる「ものづくり」まで自分のやりたいことだと思ってしまいました。これが「喜びの拡大解釈」です。

「ものづくり」は、漠然とした言葉です。このように、いろんな意味や解釈が含まれるあいまいな言葉でやりたい仕事を表現すると、拡大解釈の原因になります。
面接官は、おそらく陽子さんが求めている「ものづくり」が自社のものとは違うことに気づいて、採用を見送ったのでしょう。

では、喜びの拡大解釈を防ぐにはどうしたらいいでしょうか？
それは「具体化」です。

喜びの拡大解釈を防ぐ「具体化」

わたしが天職コンサルティングや採用面接でよく聞くのは、5W3Hの質問です。
「ものづくり」にこだわって就職活動をした陽子さんだったら、

・どんなものをつくれたらうれしいですか？（What）
・誰に喜んでほしいですか？　誰の悩みを解決したいですか？（Who）
・どこでそれをしているイメージですか？（Where）

5W3Hのすべてに明快な回答がなくてOK。こだわるポイントとこだわらないポイントがわかればいいのです。陽子さんの場合は、

●興味がわくのは、個人向けの商品やサービスを扱っている会社。特にお母さん世代向けがおもしろそう。お母さんが元気だと子供も元気でいられるから。
●数十万とか数百万の高額商品ではなく、日常的に使うものを取り扱いたい。チープではなく良質なもので、まだあまり知られていないものを広めたい。
●何かをつくり上げる過程で、ああでもない、こうでもないと、試行錯誤したり、自分らしい工夫を考えたりする仕事が楽しいと思う。
●販売促進の企画をしたい。1人でも多くの人に喜んでもらうには、買ってもらわないと！　まず、お店や商品の認知度を高めるPR。そして、お店に足を運んでもらう仕掛け。わかりやすい商品陳列……。そんなことを考えはじめたら止まらない。

「ものづくり」というキーワードを具体化した陽子さん。ここまで具体化できたら仕事選びはしやすくなります。いくつかの企業を回って選んだ就職先は、「自然派化粧品や健康食品に力を入れているドラッグストア・チェーンの広告宣伝部」でした。

もう一度、49ページにある陽子さんの今までの経験と51ページからの喜びの源泉を見てみてください。選んだ仕事につながっていますね。この仕事であれば陽子さんがこれまで感じてきた喜びを得られそうです。

◐『5W3H』とは？◑

What	どんなものを？
Who	どんな人と？　誰のために？
Why	なぜそう思う？　どんな目的で？
When	いつ？　どんな時？
Where	どんなところで？
How to	どんなふうに？
How much	どんな規模で？　どれくらいの予算で？
How many	どれくらい？　(数・量)

陽子さんのように、最初に思い立ったときのイメージから言葉を独り歩きさせ、拡大解釈をしないよう注意しなくてはなりません。

客観的に見ると、陽子さんが最初に思い描いていた「ものづくり」と、拡大解釈をして応募した会社は、何となく違うのでは!?　とすぐにわかるかもしれません。しかし、自分のこととなると見えにくいものなのです。拡大解釈を防ぐ方法は「具体化」です。

次ページで具体化のワーク『5W3H法』をしてみましょう。

08

『5W3H法』で具体化しよう

『5W3H法』の目的は、抽象的なキーワードや短い文章で表現している喜びの源泉を文章で表現できるまで具体化することです（喜びの源泉は自己分析を進めることで深まっていきます）。人に話したときに「なるほど、そういうことが好きなんだ」とイメージしてもらえ、「こんな仕事／こんな会社があうんじゃない？」と言ってもらえるくらいになったらGOODです。具体化に有効なのは5W3Hに当てはめていくことです。

具体的な文章になればなるほど、拡大解釈をしにくくなるので、嫌な仕事、あわない仕事を避けることができます。

就職や転職なら面接で言いたいことをすんなりとわかってもらえるので、穏やかで楽しい面接になります。自分でビジネスをする人は、ホームページや自己紹介の場面で同業者との違いや自身の特色を打ち出すことができます。

では、実際にやってみましょう。

『5W3H法』の進め方

ステップ1
まず、58ページのワークシートのA欄に「喜びの源泉」（45ページ参照）を書き込みましょう。喜びの源泉がいくつかある人は、そのうちの1つだけを書き込んでください。

ステップ2
5W3Hを当てはめてB欄を記入しましょう。書けないところは空けたままでOK。

ステップ3
B欄に書き出した内容をまとめてワークシートC欄に「具体化した喜びの源泉」を書きましょう。

ステップ4
C欄に書いた内容を新しいワークシートのA欄に記入します。同じようにステップ2、3を繰り返します。この手順を5～7回行なってください。

では次ページの陽子さんの例を参考にして、あなたも『5W3H法』で喜びの源泉を具体化していきましょう。

A

喜びの源泉

- （ものをつくるというより）試行錯誤しながら、自分なりの創意工夫で何かを生み出す
- 人を元気にさせるもの
- 大きく残るものより、日常的に使うもので、良質なものに興味あり

B

What 何をつくりたいか：チラシ、ホームページ、ディスプレイ どんな商品のチラシなのか：あまり知られていないもの	**Where** お店にもちょっと興味があるが（ディスプレイなど）、それより本部
Who 個人向け、元気になるもの 特にお母さん向け	**How to** いいものを広めたい、伝えたい 試行錯誤して自分なりの工夫ができる
Why なぜお母さんか：子供が元気になるから	**How much** 高額商品は嫌、安くてもチープなものは嫌。日常的に使うもので、良質なもの
When いつの段階にかかわるか ×実際につくる段階 ○できたものを知ってもらう段階	**How many** １：１でじわじわと伝えるのではなく、１人でも多くの人に（ファンが増えたのを数字で見たい）

C

具体化した喜びの源泉

- 個人向けの商品やサービスを扱っている会社。特にお母さん世代向け
- お母さんが元気だと子供も元気でいられるから
- 数十万とか数百万の高額商品ではなく、日常的に使うものを取り扱いたい
  チープではなく良質なもので、まだあまり知られていないものを広めたい
- 何かをつくり上げる過程で試行錯誤したり、創意工夫を加えたりする
- 販売促進の企画をしたい。１人でも多くの方に喜んでもらうには、買ってもらわないと！　まず、お店や商品の認知度を高めるＰＲ。そして、お店に足を運んでもらう仕掛け。わかりやすい商品陳列……。そんなことを考えはじめたら止まらない

『5W3H法』陽子さんの例

A 喜びの源泉

●ものづくり

B

What カタチに残らなくていい 単につくるのではなく、自分が試行錯誤して生み出すもの	Where 本部にいるイメージ （お店はちょっと違う）
Who 誰のために……？ 誰と……？	How to 試行錯誤しながら、自分なりに創意工夫する
Why 人を元気にさせるためにつくる 考えてつくるのがおもしろい	How much 高額商品は嫌、安くてもチープなものは嫌、日常的に使うもので、良質なもの
When	How many 一品のレアものより、大衆的なものがいい……けどこだわり商品！

C 具体化した喜びの源泉

●（ものをつくるというより）試行錯誤しながら、自分なりの創意工夫で何かを生み出す
●人を元気にさせるもの
●大きく残るものより、日常的に使うもので、良質なものに興味あり

新しいシートのA欄に転記して、さらに具体化しよう

シート④『5W3H法』

A 喜びの源泉

B

What	Where
Who	How to
Why	How much
When	How many

C 具体化した喜びの源泉

※コピーして使ってください

思っていることが書けないなら原始反射の影響かも

頭に浮かんでいることが、ワークシートに書けないならば、「手の反射」「ATNR」という原始反射が残っているからかもしれません。原始反射とは、赤ちゃんのときに出る、思考を通さない自動的な動き（反射）なのですが、大人になっても残っていると、読み書きに影響したり、生きづらさにつながったりします。

次の要素に当てはまるものがあれば、それは、原始反射の影響かもしれません。チェックしてみましょう。

【ATNR（非対称性緊張性頸反射）が残っていると】

□作文、SNS、アンケートなど文章を書くことにエネルギーを使う
□頭で考えていること・本当に書きたいこととは違うことを書いてしまう（本当はこういうことを書きたいんじゃないんだけど……）
□ノートを取るとき、どちらかに身体がズレたり、首が傾いたりする
□横書きの文章を読むと、同じところを何度も読むことがある
□集中していると、頭を傾ける／片方の手首が曲がる

□ほおづえ
□関節の怪我が多い
□テニスなどで、フォアは得意だがバックは苦手
□上手投げよりも、下手投げ・横投げが得意
□髪の毛は横わけ
□顔や身体の左右差が大きい
□足首が硬く、しゃがむのが苦手
□文字や英語のスペルが入れ替わって見えることがある
□横書きをすると、斜めにあがったりさがったり、まっすぐに書けない
□聞き間違いが多い。特に高音の聞き取りが苦手
□人と並んで歩くと、そちらに寄ってしまう
□学んだことを、自分の言葉で伝えるのが苦手
□テストで、書くのが遅く、時間切れになったことがある
□お箸や鉛筆の持ち方が下手。力が入っている
□問題発見、課題解決が得意
□人が思いつかないようなやり方、新しいやり方を考える
□問題に目がいきすぎる

【手の反射（手掌《しゅしょう》把握《はあく》反射／パーマー反射）が残っていると】

□考えていることが、（言えるのに）書けない
□気持ちを表現するのが苦手
□指の間に水かきがある
□指がそっている
□手の平をあわせたとき、親指のはらがくっつかない
□緊張すると、手が動く
□何かもっているほうが、落ち着く
□鉛筆やお箸のもち方が下手
□筆圧が高い／シャーペンの芯がよく折れる
□字を書くと疲れる／背中や肩が痛む
□字を書く、作業に集中すると、口・舌が動く
□文字を書くよりも、スマホやパソコンのほうが楽
□不器用
□手放すことが苦手／依存傾向がある
□吃音がある／滑舌が悪い

当てはまるものはありましたか。該当するものがあったら、身体の未発達が原因なので、発達（原始反射を統合）することで解消していきます。苦手だとあきらめることはありません（発達については、私のブログやホームページをご覧ください）。

人の思考パターンを活用する

いよいよ「喜びの源泉」を見つける最後のステップです。『5W3H法』でできあがったシート④の内容を人に聞いてもらいましょう。というのも、人それぞれ思考パターンに特徴があるので、自分1人でバランスよく考えようとしても、漏れが出たり、思い込みに左右されたりするからです。

ですから、1人で考え続けるのではなく、ほかの人の力を借りて具体化を進めましょう。自分では考えつかない質問をしてもらうことができますし、1人で考えているときには思い浮かばなかった言葉がドンドン出てきます。

そして、効果的なやりとりにするために、次の3点に気をつけましょう。

①聞き手の考えに惑わされない

聞き手の考えに惑わされないように、前もって2つお願いをしておくとスムーズです。

・やりたいことを否定したり評価したりしないこと

あくまでも、あなたの自己分析を助けるための質問のやりとりなのだと理解してもらいましょう。

・もしアドバイスや意見があったら、終わってから話すこと

アドバイスや意見が質問の途中にはさまると、否定されたように感じ、続きを話せなくなってしまう人が多いからです。

アドバイスや意見をもらったら、肯定も否定もいったん受けとめて、うのみにするのではなく自分のハート・肚と対話しましょう。できれば、「そういう意図ではなかったのに」と、感じることがあれば、あなたの想いが伝わるまで語ってみてください。だんだんと、誤解されにくい表現に研ぎ澄まされていきます。

もし、こういったやりとりはストレスが大きいという人は、天職コンサルティングにいらしてください。わたしが「あなたを伝える言葉」をつくります。

②年齢性別問わず、いろいろな人にたずねる

質問のやりとりは、できるだけたくさんの人としてください。

あなたが話す内容は同じでも、聞き手の思考パターンや興味の方向が違えば、まったく違う方向に質問が展開します。複数の人とやりとりすることで、バリエーション豊かな質問をもらえ、自己分析を深めることができるのです。

③厳しい質問も自分自身を責められているわけではないと心する

キャリアカウンセリングや面接のトレーニングを積んでいない人にお願いする場合は、少し注意が必要です（資格をもっていても適任者とは限りません）。

相手も質問のプロではないので、言葉の選び方が上手ではないかもしれません。そのため、相手の投げかける質問の意図がわかりづらくて混乱したり、責められているような気持ちになったりする可能性があります。それでも、ほかの人からの素朴な疑問を聞くのは自己分析を深めるキッカケになりますので、ぜひ挑戦してみましょう。

もし責められているような気持ちになっても、言葉じりにとらわれずに、「なぜ、その質問をされたのだろう」と質問の意図に注目して考えると、いい自己分析につなげられます。

以上の3点に気をつけて「人の思考パターンを活用するワーク」を行ないましょう。

相手から質問されて話した内容は、さらに具体化し、人に伝わりやすくなった喜びの源泉です。忘れないように2章のまとめとして66ページに書き込んでおいてください。そして、聞かれたけれど答えられなかった質問も66ページにメモしておきましょう。その質問に答えられるようになったら、さらに一歩、自己分析が深まったということです。面接官や、あなたに仕事を頼もうとしている人も同じところに疑問をもつかもしれませんね。

こうして少しずつ、喜びの源泉を掘り下げていきましょう。

次章では、心が喜ぶ仕事で成功するために、仕事で活かせる強みを見つける自己分析に入ります。

シート⑤ 「わたしの喜びの源泉」をまとめよう

相手から質問されて答えた内容を盛り込んで喜びの源泉を書き込みましょう。

答えられなかった質問をメモしておきましょう。

この喜びの源泉を満たす仕事を見つけよう！

第3章

「仕事で活かせる強み」を見つける自己分析

この章で
すること・わかること

3章では、3つのワークを行ないます。
●役割深掘りワーク
●活かしたい特性を選ぶワーク
●再現性チェックのワーク
これらのワークから、あなたの「強み」がわかります！

09

誰にでもある「得意」

近年、気になっているのが、悩みの変化です。

10年前は「自分の強みがわかりません」「向いている仕事がわかりません」という相談が多くありました。これは、強みや向いている仕事があるという前提の質問です。

しかしここ数年、急増しているのは、「アピールできるような長所がありません」「わたしが活躍できる仕事が本当にありますか？」という質問。これは「ある」という前提を疑う質問です。

「ないかもしれない」と思いながら探すと、答えは「やっぱりなかった」になりがちです。

面接や天職コンサルティングなどで何千人もの話を深く聞いてきてわたしが確信しているのは、**「誰にでも個性と能力を活かしてイキイキと輝ける場がある」**ということです。

誰でも「心が喜ぶ」×「得意」ゾーンの仕事を手にすることができるのです。

本章では、あなたの得意を見つける自己分析をしていきます。スタートする前に、あなた自身と交わしていただきたい約束があります。次ページの誓約書に署名をしていただきたいのです。

得意を見つけるときに最大のネックになるのは、「わたしには、得意なことなんてない」という気持ちです。

わたしには、「得意」が必ずある。「得意」を見つけよう!

得意を活かした仕事をしよう!

そう覚悟を決めてから、得意を見つける自己分析に進んでいきましょう。

シート⑥　誓約書にサインしよう

誓約書

- わたしには、生まれながらにそなわったなんらかの資質や才能がある。これまでの人生で発揮してきたわたしらしい特性がある。
- わたしは、社会の役に立ち、関係する人々に喜びを提供したい。そのために、わたしに与えられた自分らしい「得意」を活かすことを決めた。
- まず、わたしがもっている自分らしい「得意」を真剣に見つけることを誓う。
- 「得意」は使えば使うほど磨かれ、伸び、増えるものである。だから、自分らしい「得意」を活かせる「心が喜ぶ」×「得意」ゾーンの仕事を見つけ、「得意」をていねいに磨き、伸ばすことを約束する。

署名＿＿＿＿＿＿＿＿＿＿＿＿＿＿＿＿

真剣に、楽しく、わくわく、
「得意」を見つけるワークに取り組もう！

10 知識・スキルよりも自分らしい特性に注目しよう

私が毎月主催している心・身体・思考を天職モードにチューニングするセミナー「天職部」や各地で行われるキャリア支援セミナーでしばしば聞かれる質問はこれ。

「有利な資格は何ですか?」

「どんなスキルを身につけている人を採用したいですか?」

「○○の資格を活かして独立したいのですが」

得意や強みというと、知識やスキルに目がいきがちですが、もっと重要なものがあります。それは、**「特性」**です。

特性という言葉はなじみがないかもしれませんね。特性とは、生まれもった才能と資質をベースに幼少期から形成してきた**あなたが得意な行動パターンや思考プロセス**を指します。自然とそうしてしまうこと、がんばらなくても楽にできることです。

なぜ、知識・スキルよりも特性が重要なのでしょうか。理由は2つあります。

まず1つ目は、特性は仕事の仕方に直結するからです。特性を封印せざるを得ない仕事だと、無理してがんばるわりに成果が出にくいのです。

もう1つは、知識やスキルは比較的早く身につけることができますが、特性を変えたり、新たに身につけたりするのは極めて困難だからです。

たとえば、海外とビジネスをしている大企業が、社員を英会話スクールに通わせますね。最初から英語がペラペラな人を採用すればすむ話なのに、そうしないのも、知識・スキルより特性を重視しているからなのです。

英語力（知識・スキル）は数カ月〜数年で身につけることができます。

しかし特性は、そうはいきません。アメリカの行動科学の研究によると、特性は子供時代から積み重ねられ、ビジネスパーソンとして最初の十年前後でほぼ固まるため、35歳を過ぎると抜本的に変えるのは極めて困難だといわれています。つまり、**特性があわない人を採用して、その組織にあうように変えるのは現実的ではない**のです。

知識・スキル、その組織と仕事にあう特性を兼ねそろえた人はなかなかいません。ですから、企業は、身につけることができる知識・スキルより、もともともっている特性を重視して人材を採用するのです。

仕事で成果を出すには特性を活かすことが大切です。あなたらしい特性を見つけ、特性を活かせる仕事に就きましょう。

専門職であっても、「特性」を知る必要あり

特性の話をすると、「知識やスキルを活かした専門職には、自分らしい特徴なんて関係ないのでは？」という疑問をいただくことがあります。たとえば医師や会計士、保育士、栄養士など、国家資格と職種が直結する仕事、語学やデザインのように専門スキルを活かした仕事、そして機械、薬学、建築などの理系の仕事です。

一見、やるべきことが決まっているように見えるこれらの職種でも、特性を知ることはとても重要です。同じ職種の中にも自分にあう仕事、あわない仕事があり、同じ仕事内容でも、能力を発揮できる環境、能力を発揮しにくい環境があるからです。

特性を分析することでそれらが見えてきます。また、面接の自己ＰＲでは、特性を話さなければなりません。というのも、同じような専門性がある人たちの中から、面接官は誰を採用するかを選びます。違いはどこに出るか。「喜びの源泉」と「特性」なのです。

あなたにあった仕事・職場選びと面接対策のため、自分の特性を見つけましょう。

どんな○○になりたいか？特性を活かした仕事とは

特性を活かした働き方でなければ、せっかくの知識やスキルも活かしきることができません。ここでは医師として心臓外科を目指している沙織さんと元也さんの例を見比べてみましょう。２人は同じ学校で同じ経験をし、同じ知識・スキルを身につけています。

違いは、特性に表れています。

沙織さんは手先が器用で、繊細なことに集中力を発揮し、最新の技術に敏感で、常に技術力を高めています（行動特性）。冷静に問題を解決するための方法を洗い出し、メリット・デメリットを比較して選ぶところ（思考特性）も、複雑で繊細な手術をする心臓外科にピッタリですね。

沙織さんが心臓外科を選んだのは、難病が多く、手術技術も難しいため、大きなやりがいになると思ったからです。

元也さんを見てみましょう。人がよく、真面目でおせっかいな性格で、共感力があります。そのためでしょう、悩んでいる人がいたら自分に何ができるかを考えるんですね（思考特性）。そして、どうしたら悩みが消えるかを知ろうと、まず、悩んでいる人の話を聞いています（行動特性）。

元也さんが目指す医師は、「病巣を取り除くだけではなく、患者さんの話をじっくり聞いて心のケアまで行なう医師」。心臓外科に進んだのは、深い悩みや苦しみをもたれている患者さんが多いからでした。

2人は心臓外科医という同じ職業を選びましたが、その動機や活かせる特性はまったく違います。特性の違いによって目指す心臓外科医のイメージにも違いが出ていますね。

このように目指す職種が決まっている人も、特性を知ることで「どんな○○になるか」を具体的にイメージすることができます。それが自分にあった仕事選びにつながり、自己ＰＲや志望動機につながるのです。自分で開業するときにも指針になりますね。

自分にあう職場環境も特性が決める

特性を知る目的は、仕事内容を決めるためだけではありません。自分にあう職場環境を見極めるためでもあります。

沙織さんの特性を活かすためには、**難しい症状の患者さんが集まり、意識と技術力が高い医師が勤める病院がよさそう**です。ただし、病院内の人間関係は、ベタベタしたつきあいではないところがいいですね。もし沙織さんが、外科は外科でも、地域の開業医になったら幸せに活躍できるでしょうか。持ち味を半分も活かせないように思います。

元也さんはどうでしょうか。**患者さんと向きあう時間を重視する病院がよさそうですね。**心臓外科の中には、1日中何件も手術だけをしていて、患者さんとふれあう機会がほとんどない病院もあるようです。このような病院では元也さんはストレスがたまりそうですね。せっかくもっている特性を活かしきることもできません。

同じ職種でも、あなたにあう仕事内容・職場環境なら幸福度や充実度は高まります。目指す方向が決まっている人も、特性分析が大切なのです。

では、さっそくあなたの特性分析をスタートしましょう。

11 「特性」を見つけるカギは「どんな？」HOWの質問

前項では、知識・スキルより特性が大事だということをお話ししました。しかし、〝特性〟といわれても、すぐにはピンと来ないかもしれません。

特性は、意識せずに自然にしている行動パターンや思考プロセス。

同じ環境で同じ目標を目指して取り組んでも、人それぞれ考えることや行動が異なります。たとえば、「部活動でレギュラーを目指そう！」と思ったとき、とにかく練習量を増やす人、理論を勉強する人、計画を立てる人、上手な人にアドバイスをもらう人、監督に気に入られようとする人、弱点を克服する人、強みを伸ばす人……。

この違いがあなたらしい特性なのです。

特性はクセのようなものなので日常生活のあらゆる場面で出ています。その中でもうまくいったことや力を入れたことは、自分でも気づかないうちに特性をふんだんに活かしています。

だから、企業の採用面接でよく聞かれる話題は、新卒の学生さんなら「これまでに力を入れてきたこと」や「がんばったこと」、転職者や起業ほやほやなら「前職で上げた実績」です。それは、成功体験を聞くことで特性を見極めやすいからなのですね。

しかし近年、これらの質問では、応募者のよさが引き出せないという悩みが採用側に増えています。

わたしは企業からの依頼で面接をすることもあるのですが、「去年より応募者のレベルが下がっている」と言われることが重なりました。しかし実際にわたしが面接をすると、とても魅力的で能力の高い人たちであることが少なくありません。

面接に同席していた面接官や社長も、わたしと同じ評価で「すごくいい人材ですね。前年よりも格段にレベルアップしています」と言われます。

どういうことでしょうか？

「力を入れてきたこと」「がんばったこと」「前職の実績」という質問に対して、自分の魅力や強み＝特性を語れる人が非常に少なくなっているのです。

そこでわたしの天職コンサルティングでは、違う切り口で「特性」をあぶり出していきます。本章ではその中から、簡単にできる自己分析を1つお伝えしましょう。それは、あなたが集団の中でよくする「役割」を深く掘り下げていく自己分析です。企業が公官庁の面接官向け研修でも、お伝えする質問・分析法です。

役割を掘り下げるとは

あなたが集団でよくする「役割」は何ですか？

リーダー、サブリーダー、参謀、メンバー、盛り上げ役……どんな役割が多いでしょうか。「役職」ではなく、実際の役割を考えてみてください。

役職は会計でも、リーダーシップを発揮している人もいるはずです。この場合、役割は「リーダー」となります。

そして、「どんなタイプのリーダーか」「どんな言動をするか」を考えてみましょう。「どんな？」というＨＯＷの質問が、特性を見つけるポイントです。

「役割」自体は関係ない。「どんなふうに」が特性です

たとえば、「参謀」「サブリーダー」を選んだ人でも、どんなタイプの参謀・サブリーダーかを問うと、さまざまな答えが返ってきます。一部を紹介すると……

明子さんは、世話役のような動きをします。

たとえばイベントがあるときは、担当者に前年の資料ややり方を、案の1つとして伝え、準備がスムーズにいくようフォロー。

イベント当日は全体の流れを見て、困っていることがないか確認します。受付が混乱していればサポートに入るし、進行が押していたら次のお店に連絡するよう耳うち。空き時間に、サクッと後片付けや会計などもしてしまいます。

日常的にも、まわりの人が実務に困りごとがないか、どうやって進めているかなどを個別に情報収集して、必要なことがあれば上に伝え、担当者のほうにズレがあると感じたら、効果的な人から注意してもらうよう手配する、といった動きを。

また、ミーティングでは意見を言いたそうなメンバーに話を振ったり、プロジェクトの目的・目標を見失わないよう、話をもっていったりしています。

同じ「参謀」「サブリーダー」を選んだ人でも、いずみさんは全体の弱いところをフォローしたり、輪に入れていない子を引き込んでケアしたりするのが得意。すべての人の居場所づくりに気を配ります。

由紀恵さんは、企むのが好きな参謀役。ことが進むには、誰の口を使って言ってもらったら効果的かを考えるのも好き。前に出なくていい、見たい世界を見られればそれでいいので、嫌われ役もウェルカム。

真弓さんは、諸葛孔明のような、頭が切れるアイデアマン。奇抜なアイデアに優れ、独自のセンスでチームを勝利に導きます。信頼されていますが、孤高で気高く、群れるのは好きではありません。

博美さんは、掛け声をかけてサポーターを呼んだり、集まった人たちをまとめたり、人をつなげたりするサブリーダー。

倫子さんは、バランスを見ています。場の空気を読みながら、全体的に話を振ったり、話を切り上げるようにもっていったりと、リーダーとメンバーのバランスを考えます。

涼子さんは問題を解くのが好き。リーダーから「これをするためにアイデアない？」と聞かれて、「こうしたらいい」と提案していくことにワクワクします。

まりさんは、攻略が好きなのでしょう。作戦を考えたり、根回ししたりします。

玲子さんは、リーダーが考えていることを読んで、それを実現するために何をしたらよいかな？　と考えるタイプ。

美香さんは、リーダーに新しいことを考え、引っ張ってもらい、自分はサブのポジションで、必要な雑用を整理して、1つずつ解決していくのが好き。

裕介さんは、リーダーとメンバーの間を取りもったり、全体的な戦略を考えたり、調整したりが得意です。

このように、さまざまなタイプの参謀・サブリーダーがいます。

役割の定義も自由

ここに挙げた内容を見て、「それは、参謀ではなく、サポーターでは⁉」と感じる人もいるでしょう。しかし、どの役割に就いているかは、特性と直接的に関係はありません。

また、いろんな役回りをするという人に、それぞれの役割を「どんなふうに」しているかと聞くと、すべて共通しています。特性を活かしているから、いろんな役割をこなすことができるのです。

あくまでも「どんな？」があなたらしい特性なのです。

コミュニケーションのズレを減らす

役割のイメージは人それぞれだと知ることで、コミュニケーションにも活かしていただきたいと思います。

たとえば面接で、美香さんタイプの人が、「サブリーダーです」とアピールしたとき、聞いている面接官が、裕介さんタイプをイメージしたら……?

面接官は「リーダーとメンバーの間を取りもったり、全体的な戦略を考えたり、調整したりする人」を想像しながら、本当にそういうタイプの人か、レベルはどれくらいかを計ろうと質問をしてきます。しかし、答えていくと、戦略やコミュニケーションの要素は薄いので、期待はずれだという評価になってしまいます。

最初から、特性である「必要な雑用を整理して1つずつ解決していく」を伝えられたら、ミスマッチがありません。

自己PRでは、「どのように雑用を整理するか(HOW)」「どのように解決するか(HOW)」を伝えると、より仕事ぶりをイメージしてもらえます。面接官は、その特性を活かせるポジション・仕事に当てはめながら話を聞いてくれます。

面接で、本来の特性が伝わらずに不採用になるのも残念なことですが、実は、入社後にはじめて気づくこともあります。

早期退職する人の多くは、「思っていた仕事と違った」と言います。その原因の1つが、自己PRと面接官の解釈のズレ。

本来の特性とは違うイメージをもたれて内定した結果、入社後に担当する仕事は、特性とは違うので、成果を出しにくく、うまくいきません。おもしろそうだと思っていた仕事が、おもしろくない、あわないと感じてしまうのです。

いっぽう会社側は「面接で言っていたことと違う」と不満に感じます。

入社後に気づくのは、お互いにとって不幸なので、面接ではあなたらしい特性を、しっかり伝えたいものです。

対お客さまでも、同様です。

たとえば「貴社の参謀役になります」と言うだけでは、期待と実態のミスマッチが起こる可能性があり、トラブルの原因になります。「どんなふうに」という、あなたの特性の部分を伝えると、イメージにズレがなくて良いですね。

では、あなたがよくする役割を掘り下げ、特性を見つける『役割深掘りワーク』をしてみましょう。

『役割深掘りワーク』の進め方

ステップ1

88ページのシートを使います。①どんな役割をすることが多いかにチェックをつけましょう。

リーダー、サブリーダー、メンバーなどいくつかの役割を挙げています。いろんな役割をすることがある場合は、心地よくできたものを思い出してみてください。複数を心地よくできている人は、すべてについて、ステップ2、3の自己分析をしてみましょう。

意味がわからない言葉は無視してOKです。大学や若手研修で「参謀とはどういう意味ですか?」と質問されることが多いので、サブリーダーを足しました。逆に40代以上には、参謀のほうがピンとくる人が比較的多いので、そのまま残しています。

あなたがぴったりだと思うものを選んで、自己分析を進めていってください。該当するものがない人は、「その他」に自分の言葉で書いてください。

ステップ2

②に、あなたはどんなタイプの○○（役割）かを記入しましょう。

ステップ3

③でさらに具体化します。②で書いたことを象徴するような言動を挙げてみてください。

ステップ4

②③から特性を抜き出し、④に書きましょう。

左ページの恵理子さんの例を参考に、あなたも特性を見つけましょう。

『役割深掘りワーク』サンプル　恵理子さんの例

①　**どんな役割をすることが多いですか？**

□リーダー　☑サブリーダー　□参謀
□サポーター　□アシスタント　□盛り上げ役
□メンバー　□一匹狼　□その他

②　**どんなタイプのそれ（役割）ですか？**

リーダーのしたいことを聞いて、それを実現するために、メンバーの性格や能力にあわせて仕事を振り分けたり、リーダーの想いを伝えたりしている。

③　**具体的にどのような言動をしますか？**

メンバーから不満が出ていたら、それとなくリーダーに「〇〇さんのこのことを、ほめてあげてください」「みな疲れが出てきているので、少しペースを落としましょう。進行も問題ないです」といった提案をする。

④　**特性を抜き出しましょう**

・リーダーのしたいことを理解して、それぞれのメンバーにあわせて伝える
・メンバーの性格や能力にあわせた仕事の振り分け
・人の気持ちや状態にあわせた配慮をする

シート⑦　役割深掘りワーク

① どんな役割をすることが多いですか？

□リーダー　□サブリーダー　□参謀

□サポーター　□アシスタント　□盛り上げ役

□メンバー　□一匹狼　□その他

② どんなタイプのそれ（役割）ですか？

③ 具体的にどのような言動をしますか？

④ 特性を抜き出しましょう

解説

自分らしい特性を抜き出すコツ

◉特性は強みや長所じゃなくてOK

ある特性を使って、うまくいくことが多ければ長所や強みといわれ、うまくいかないことが多ければ短所や弱点だといわれます。また特性は、使い方や働く環境、担当する仕事内容によって、長所になったり短所になったりするのです。

たとえば、「手順を示されたら、着実に進める」という特性の人は、

・ある職場では「ミスなく安心して任せられる」とほめられます
・別の職場では「マニュアルは基本。臨機応変に対応しろ！」と叱られます

このように特性そのものには、いいも悪いもありません。

また、今はまだ使いこなせていない特性も、磨いていけば長所や強みになっていきます。だから、ここで考える特性は仕事に使えないレベルでもかまいませんし、強みや長所にこだわらなくていいのです。

プラスに見える特性はもちろん、マイナスに見える特性も自分らしさ。強みや長所にこだわらずに、自分らしい特性を抜き出してみましょう。

◉すごくない、フツーのことがいい

特性は、まるでクセのように自然にしてしまう思考プロセスや行動パターン。

ですから、個人コンサルティングで魅力的な特性をお伝えすると、よくある反応は、「え！　そんなのでいいんですか？」「そんなの当たり前ですよね!?」。

このような反応が返ってきたら、大成功！

あなたにとって、楽々できるフツーのことを、苦手な人、ストレスに感じる人がいるのです。当たり前にしている、フツーのことが、あなたの特性なのです。

◉嫌々その役割をしてきた人は

これまで望まないポジションに就かされてきたという人もいるでしょう。たとえば、「リーダーに選ばれるけど、なんだか疲れてしまって好きじゃない」「推薦されたから、しょうがなくしてきた」とか、本当は嫌だけど、「いじられ役として盛り上げる」などです。

その場合は、その役割自体があわないこともありますが、それ以上に、あわないやり方でその役割をしてきた可能性があります。

たとえば、いつもリーダーに選ばれる志津さん。「こんなことしたい」「こうするのがいいと思う」「これやって」と、ビジョンを掲げ、てきぱきと指示をするのが好きなリーダーなのに、メンバーの意見を聞かなければ！と聞きすぎて疲れてしまったり、自分の考えを殺してしまったりするケース。良いリーダーは、さまざまなリーダーシップのタイプを含むものなのですが、まったくあわないやり方を中心にしてしまうと、特性を発揮できないので疲れますし、成果まで遠回りとなります。

よくする役割を嫌々してきた人は、「どの部分が苦しかったのか」を挙げてみましょう。それを、４章の「苦手・ストレスの自己分析」も参考にして、排除していってください。そして、好きで得意なやり方、あなたにあったタイプの動きだけを、特性として残していきましょう。

◉無意識にしている自然な思考・行動だからわかりづらい

２章の「喜びの源泉」は、感情・感覚が動くのでまだわかりやすいのですが、特性は、無意識に自然としていることなので、気づきにくいものです。自力で見つけるのは少々大変ですが、知ることの恩恵ははかりしれません。丁寧に見つけてあげてくださいね。

12

心がけや意識していることは、特性にならない

特性を抜き出すときに気をつけなければならないことがあります。

心がけていることや、意識的に取り組んでいることを入れていませんか？

特性とは、あなたが得意な行動パターンや思考プロセスのことです。クセのようなものだとお話ししましたね。

つまり意識して行なうことは、あなたが本来もっている特性ではありません。心がけや意識していることを書いていたら消しましょう。

「心がけていることでも、実行できていたら特性に入れてもいいのでは？」と聞かれることがありますが、答えはノー。

心がけていることではなく、ほかに無意識にしている特性があるはずです。それが本当の強み、あなたらしさなのです。心がけなければできないことより、**無意識にしている行動や思考のほうが、すんなりと成果につながりやすい**ものです。

心がけを書くと逆の自分を表現する可能性も

心がけていることを書き込んだままにしておくと、本来とは逆の自分を表現する可能性があります。瞳さんの例を見てみましょう。

瞳さんは、イベントの受付とパン屋のレジ打ちのアルバイトをしていました。接客の仕事から学んだことを活かしたいと、接客・営業職に応募しました。しかし、15社受けて全滅。そして、天職コンサルティングにいらっしゃいました。

瞳さんは最初、次のページにあるように自己分析をしていました。心がけや意識していることのオンパレードです。自己PRには、「接客では臨機応変に対応するように心がけている」と書きました。実は、瞳さんはいつも店長から「もっと臨機応変に対応しろ」としかられていたのです。

できていないから注意され、注意されるから心がけていたのです。

できないことをアピールしていたので、不採用が続く結果になりました。

瞳さんの本来の姿は、まったく違いました。毎回、同じ手順で仕事を進めるときに、心が安定し、力を発揮する人です。計画を立て、知識や経験を積み上げていくことに

◐瞳さん　Before◑

- **特性**：接客では臨機応変に対応するように心がけている

  常に改善するように意識している

  ポジティブ思考を心がけている

- **資質**：体力づくりをしている。記憶力がいい

- **性格**：人生を楽しもうとしている

達成感を感じていました。

イベントの受付では、来場したお客さまにニコニコ対応をしながら事務的な仕事もこなしています。たとえば来場者の集計。年齢や性別を入力してグラフにまとめるレポートをていねいにわかりやすくつくります。

また、来場者にお礼状を書くのも大事な仕事です。ほかの人は10枚に1枚は住所を間違ったり、上下逆に書いたりしますが、瞳さんは集中力を発揮し、ほとんどミスがないのです。

パン屋では、細切れ時間を見つけてパンをのせるトレイをふいて、店頭に補充します。ほかの人は急ぐあまり、やみくもにふくのですが、瞳さんは毎回、同じ手順でふくので正確に早くできていました。

また、レジはバーコードではないので手で入力しますし、パンを1つひとつ袋に詰める

◐瞳さん　After ◑

- **特性**：決まった手順どおり正確に行なう

  計画を立て、知識や経験を積み上げていく。１つできたら、次に進む

  見とおしが立たないと不安になる
- **資質**：記憶力がいい。ていねい
- **性格**：着実

作業もあります。

瞳さんはスムーズにレジをこなすために、パンの値段をすべて覚えました。前のお客さまが精算している間に、次のお客さまの金額を暗算します。金額を伝えたら、お客さまがお金を出している間にパンを袋詰めし、最後にまとめてレジを打つのです。

忙しい時間帯でも、瞳さんはスムーズにレジ対応をしていました。一見、臨機応変に見えますが、毎回、同じ流れで同じ手順で行なっています。

上の表は瞳さんが書き直した特性です。事実に基づいてつくったらまったく違う人物になりました。

瞳さんらしい特性を活かす仕事を探して自己ＰＲを作成した結果、メーカーの法務の仕事に内定することができました。

13 特性をあらわす言葉の中にNGワードがあれば、それを具体化する

NGワードとは、「何にでも」「常に」「どんなときも」「誰にでも」「どこでも」です。

「何にでも興味があります」という人は、本人に悪気はありませんがウソをついています。本当は興味をもてないものがあるはずなのです。目にも入らないので興味がないことに気づいていないだけ。どんなことに興味をもっているのか、興味をもったらどんなふうに取り組むのかを分析しましょう。

「常に一生懸命です」ではなく、一生懸命とはどのように取り組むことか、どんなときに一生懸命になるのか、に注目しましょう。

「何にでも」「常に」「どんなときも」「誰にでも」「どこでも」ということはありえません。いつ？　どんなときに？　どんなことに？　どんなものに？　どんな人に？　どんなところで？　という具合に具体化していきましょう。

14 誰にも負けないものなんかなくていい

特性を見つける『役割深掘りワーク』はいかがでしたか？　思うように手が進まない人もいらっしゃるかもしれませんね。なかなか進まなかった人は、「誰にも負けないものを見つけなくては！」と思っていませんか？　特性は、誰にも負けないものじゃなくていいのです。人との比較ではなく、自分主体で考えましょう。

誰にも負けないものをもっている人はあまりいません。まわりを見渡してみてください。家族・友だち・同僚の中にどれだけいるでしょうか？　芸能界やスポーツ界、実業界で活躍している人でさえ、とても少ないはずです。にもかかわらず、「誰にも負けないものがなくてはならない」と思い込んでいたら、怖くて仕事ができません。

自己分析や就職・転職の本を読んでいると、『誰にも負けない強みを見つけましょう』と書いてありますし、独立起業する人は『USP（ユニーク・セールス・プロポジション）を見つけよ！』と言われます。

たしかに、誰にも負けないものがあると特徴的なので人に覚えてもらいやすいというメリットがあります。

しかし仕事はチームでするもの。誰にも負けない何かをもっている人を寄せ集めても、いい組織になるとは限りません。だから企業の採用側も、そうした人を採用しようとは思っていないのです。

求められていないことを追求するのはナンセンス。

誰にも負けないものがあることもないことも自分らしさです。その自分らしさを活かした仕事を選べばいいのです。

さあ、「誰にも負けないもの」という先入観を捨てて、もう一度『役割深掘りワーク』にチャレンジしてみましょう。

『役割深掘りワーク』ができた人は、次に特性を「選ぶ」ステップに入ります。

15 「使うことに喜びを感じる特性」を選ぼう

『役割深掘りワーク』では、あなたの特性を見つけました。

それらの特性の中には活かせたら喜びを感じるものと、ストレスを感じるものがあります。仕事は、心が喜ぶ特性を発揮しましょう。そのために本項では、これまでに書き出した特性を2つに分類します。

●仕事で使う特性（その特性を発揮できたら喜びを感じるもの）
●仕事で使わない特性（その特性を活用するとストレスを感じるもの）

分類することによって、次のような間違いを防ぐことができます。

先日の天職コンサルティングでこのような会話をしました。俊さんの自己ＰＲづくりの相談に乗っているときです。

わたし「どんなところをPRしたいですか?」
俊さん「まわりからよく頼られるところです」
わたし「なるほど、頼られるのが好きなんですね」
俊さん「いえ、あまり好きではありません。ちょっと重いというか、ストレスに感じることが多いです……。あれ? これを自己PRにしてはダメですよね」

笑い話のようですが、よくやってしまう間違いなのです。

「いいところを見てほしい」「もっている能力はめいっぱい活用すべき」という気持ちが働くのでしょう。しかし、それは「ストレス」×「得意」ゾーンの仕事を選ぶことになります。

わざわざストレスを感じる特性を仕事で使わなくていいのです。仕事では心が喜ぶ特性を発揮しましょう。そのほうが長く、楽しく、力を発揮し続けることができます。

「喜びの種類」に注意しよう

特性を活かした結果に心が喜ぶものと、**特性を発揮している、まさにその瞬間が喜びであるもの**を間違えないでください。仕事で活かすのは後者です。

前出の俊さんの例で説明しましょう。俊さんが頼られる理由の1つは、「筋道立ててものごとを説明するのが得意」という特性の存在です。この場合の結果に喜ぶとは、

- 勉強や仕事を教えてあげた結果、相手が喜び「説明が上手だね」とほめられたのがうれしい
- 数学の難解な証明問題に取り組んだ結果、解けた達成感がうれしい

これらは「筋道立ててものごとを説明」しているときに喜びを感じているのではありません。説明を行なった結果が喜びとなっています。

最初は、ほめられ、役に立ち人に喜ばれ、達成するのがうれしくてがんばることができます。しかし、長続きしないのです。しだいに「本当の自分をわかってもらえない」という感覚になってしまうのです。「自分らしい特性」だと感じられるのは、特性を発揮している、まさにその瞬間が喜びであるものです。

特性を分類する際には、その喜びの種類が結果から来ているものではないか注意してください。

「心が喜ぶ特性」に自信がない場合は

たまに次のような質問をいただきます。

「自分の中で一番すごいと思える特性は使うとストレスを感じます。しかし、心が喜ぶ特性は、たいしたレベルではないように思います。こういう場合、ストレスだとしてもすごいと思う特性を使ったほうが有利ではないでしょうか?」

不安に思うかもしれませんが、今のすごさに関係なく心が喜ぶ特性を使いましょう。今はまだたいしたレベルではないと思う特性も、使えば使うほど磨かれてレベルアップします。

営業事務の遥さんの例を見てみましょう。遥さんは「その場の状況に応じて誰がどのような役割を果たしたらいいのかを判断することができる」という特性があります。しかし学生時代も就職してからもこの特性を使うことはほとんどありませんでした。命令にしたがうことが後輩や部下の役割だと思っていたからです。

これが「心が喜ぶ特性」だと気づいてからは、日々の業務で活かしてみることにしました。しばらく使っていなかったので目にとまるような動きはできません。それでもまず営業社員を観察して、誰か1人に仕事が集中したら自ら手伝うところからスタートしました。

しばらくして、営業社員の表彰式が行なわれた日のことです。遥さんの役割は、地方から参加した社員を会場に案内することでした。

会場内を歩くついでに全体を見ていると「受付が人手不足」「壇上のスクリーンが見え

ない席がある」「〇〇さんが休憩を取れていない」といったことが目に付きます。そこで、手が空いている人に声をかけ、必要なところに手助けに入ってもらうようにしたのです。「その場の状況に応じて誰がどのような役割を果たしたらいいのかを判断することができる」という特性を発揮して、イベントの成功に貢献することができました。日々ちょっとずつ鍛えていたために力が高まっていたのです。

遥さんの働きぶりを見ていた上司は「イベントの運営隊長」に任命。研修の運営、取引先への接待など少しずつ活躍を広げ、さらにこの特性を磨きました。その後、お客さま向けのイベントを取り仕切る責任者に抜てきされ、今では150名のスタッフを動かしているそうです。

このように、特性は使えば使うほど磨かれて伸びていくものです。

今、一番すごいと思う特性は、単にこれまで使う機会が多かったのでしょう。自信がもてない特性も、あなたの本来の特性であれば必ず伸びていきます。

ですから、心が喜ぶ特性を「仕事で使う特性」に選びましょう。

次ページでは、『特性を分類するワーク』をします。これまで洗い出してきた特性を、分類しましょう。

特性を分類するワークの進め方

ステップ1

『役割深掘りワーク』で具体化した特性の中から、「その特性を発揮できたら喜びを感じるもの」を書き出します。ハートや肚の声に耳を傾けてください。

記入シートは、１０５ページのA欄「仕事で使う特性」の部分です。

- この特性をどんどん発揮したい！　と思うもの
- 特性を発揮できることに感謝の気持ちがわくもの
- 「あなたは○○な人だね」と言われたらうれしいと感じるもの

ステップ2

「その特性を活用するとストレスを感じるもの」をB欄「仕事で使わない特性」に書き込みます。

- 人に喜ばれたり、人からほめられたりするのはうれしいが、特性を発揮している瞬間には喜びを感じないもの
- 伸ばしたいとは思わないもの

シート⑧　特性を分類するワーク

A欄：仕事で使う特性（その特性を発揮できたら喜びを感じるもの）
B欄：仕事で使わない特性（その特性を活用するとストレスを感じるもの）

16 本当の特性かを検証する『再現性チェック』をしよう

得意を見つける自己分析もいよいよ仕上げです。

本項では、あなたが仕事で使いたい・伸ばしていきたいと選んだ特性が、本当にあなたがもっている特性かどうかを冷静な目で検証します。自分自身で簡単に検証できる方法は、『再現性チェック』です。

再現性とは、**何度でも同じ力が発揮できること**、または、**特性を発揮して同じようないい結果を導き出せること**をいいます。反対に、どうしてだかわからないが**偶然**できあがってしまったものや、もう一度同じことをしろと言われてもできないことなどは、「再現性がない」と表現されます。

これまでに繰り返し書いてきたように、特性とは無意識に出てしまうクセのようなものです。日常のあらゆる場面で、何度も何度も、発揮されています。仕事場で、恋愛で、趣味やサークルで、部活で、友だちづきあいで、家族で、ゼミで、学校で、受験で、資格の勉強で、その他の活動で……。

たとえば、人からよく相談を受ける人は、学校だけではなく、職場やサークルでも相談されていませんか。効率を追求する人は、受験勉強でも、仕事でも家事でも、効率的な方法を考えて実行していないでしょうか。

それくらい再現性があるからこそ、新しい環境でも、はじめての仕事をしても、その特性を活かすことができるのです。

80ページに紹介した明子さんは、ある企業の人が見れば、リーダー経験がなくても、リーダーができると判断するでしょう。別の企業の人は、グループセクレタリー（部門つきの秘書）として活躍できると考えます。プロジェクトマネージャーや建設系の施工管理という可能性もあります。営業やコンサルタントとして、採用したい会社もあるでしょう。もちろん、独立してお客さまのしたいことを叶えることもできますね。

企業に応募するときに、職種にあわせて自己ＰＲを変えるという人がいますが、わたしは反対。本当に自分らしい自己ＰＲができたならば、さまざまな業種・職種で、活かせるからです。

独立して仕事をすると、業界のモデル成功例があります。しかし、あなたの特性とあわないやり方をしたら、うまくいきづらいです。努力を積み重ねて成功しても、やればやるほど、しんどくなってしまいます。

何をするかも大事ですが、「どのようにするか」あなたの特性にあったやり方が、独立起業では、とても重要となります。

では、さっそく『再現性チェック』で、あなたの選んだ特性が本物かどうかを検証してみましょう。

『再現性チェック』の進め方

ステップ1

あなたの特性を、114〜115ページの左上「わたしの特性」欄に書きましょう。

特性1つにつき1枚のワークシートで検証します。

ステップ2

特性を発揮した具体的な出来事を思い出し【出来事1】に記入します。

- 5W3H（53ページ参照）を意識して、書き出しましょう。
- ドラマを見ているように、映像で思い出しながら書いてください。

ステップ3

同じように【出来事2】【出来事3】へ、書き進めましょう。

ステップ4

もし出来事1～3まで同じ分野のことを挙げた場合は、ほかの分野の出来事を思い出し【出来事4】【出来事5】を書いてください。

たとえば、仕事の分野で3つ書き出した人は、習い事やスポーツなど違う分野での出来事を記入します。

ステップ5

書き出した出来事の中で、A欄に記した特性は発揮されていますか？　念のため確認しましょう。

ステップ6

出来事が5つ以上出せたら認定に○を、出せなかったらNGに○をしましょう。

認定したものは、あなたの特性です。

自信をもって、伸ばして、磨いて仕事に活かしましょう。

ステップ7

自信がわいてくるのを感じてください。

110～113ページに掲載した2人の例を参考に取り組んでください。

▶出来事３

ハンバーガーショップに来るクレームは必ず社員につなぐことになっていた。しかし、ベテランのパートさんがクレーム対応しているのを発見。店長から頼まれたと言う。わたしもできるようになりたいと思った。本を７冊読み、クレーム対応中には近くで聞いて勉強。電話でクレームを受けたとき、ちょうど店長がそばにいたので「自分で対応したいです。聞いていてください」とお願いする。１人で対応でき、店長から対応の許可がおりた。

いろんな分野で思い出してみよう

▶出来事４

大学受験では、２年生の模試でDランク（合格可能性35％）だった大学を志望校にした。３年生の11月までにAランク（合格可能性80％以上）になるよう基礎力をつけ、11月からは過去問対策をするという作戦を立てて勉強、合格！

▶出来事５

小１から中２まで続けていたピアノ。発表会では先生が各人のレベルにあわせて曲を選んでくれる。しかし、わたしはいつも先生の選ぶ曲よりもレベルの高い曲を選んでいって「この曲をやりたい！」とお願いしていた。はじめは歯が立たないが、発表会までには必ずミスなく演奏できるようになっていた。

事例が５つ以上出せたら認定に○を、出せなかったらNGに○をつけましょう

（認定）　NG

『再現性チェック』のシート　りおさんの例

▶A：わたしの特性

与えられた目標よりも高いものを目指し、達成する。

▶出来事１

ハンバーガーショップでアルバイトをはじめたとき、マニュアルを１週間で覚えるように言われた。わたしは半分の３日で覚えようと思った。自宅で予習・復習をしたかったので店長にマニュアルの貸し出しを頼んだが、会社の決まりで持ち出し禁止。仕事後に残ったら残業代がついてしまうので、始業１時間前に出社しマニュアルを読むことにした。「朝に覚えたことを勤務中に実践して定着をはかる」というサイクルで、目標の３日後にマスターできた。

▶出来事２

ハンバーガーショップのアルバイトリーダー時代。お店の売り上げ目標を達成し、上司からは「この調子をキープして」とほめられた。しかしキープでは満足できず、自主的に180日間売り上げ倍増計画にチャレンジ。来店したお客さまに販売するだけではなく、外に出て注文をとりたいと思った。わたしが店を空けても大丈夫なように、最初の３カ月でリーダーを育成し、４カ月目からわたしは外回りへ。朝は会社や工場を訪問してランチの注文をとり、配達の移動時間にポスティング（チラシをポストに投かんすること）、夕方は学校に出向いて部活動の前に生徒たちにハンバーガーを販売した。売り上げ倍増計画は5カ月目に達成。

▶出来事３

銀行の事務の仕事でＡＴＭの出入金を担当。窓口が込む午後の時間にＡＴＭのお金が足りなくなり補充することが多かった。お客さまを窓口やＡＴＭで待たせて作業するのは効率が悪いし、焦って窓口での事務処理をするとミスも出やすい。お金が足りなくなってからではなく、窓口がすいている時間帯に現金の補充をするようになった。

いろんな分野で思い出してみよう

▶出来事４

銀行の契約書に印鑑モレが多かった。支店長がミーティングで何度も「注意するように」と言っていたが確認ミスがなくならなかったので、お客さま用に書き方マニュアルをつくってモレが出ないようにした。支店全体で利用されるようになった。

▶出来事５

連絡方法の工夫。相手がつかまらずに仕事が進まないことがないように、電話や社内の相談は朝イチでしている。相手が職場にいることの多い時間帯だし、外出の予定でも戻る時間を聞くことができるので、その日のうちには連絡がとれる。
また、残業中に連絡することができたら、翌日に回さずにその日のうちにメールで送信。たいがい翌日の昼前までに返信をもらえるため、その後の仕事がスムーズ。

事例が５つ以上出せたら認定に○を、出せなかったら NG に○をつけましょう

認定（○）　NG

『再現性チェック』のシート　翔さんの例

▶A：わたしの特性

最短時間でスムーズにものごとを達成できる段取りを考える。

▶出来事1

料理づくりは段取りをイメージしてからはじめる。冷たいものは冷たく、温かいものは温かく出せるように、また、最短でつくるには「何からはじめ、どうコンロを使うか」なども考える。料理の合間に洗いものまで終えるのも自慢。

Point
日常のささいなことに特性は現れています

▶出来事2

車は停車と発車を繰り返すと燃費が悪いので、通勤では止まらずに走れるルートを研究。走行距離は長くなるが、時間もガソリン代も少なくていいルートを見つけた。燃費は15%向上した。

▶出来事３

いろんな分野で思い出してみよう

▶出来事４

▶出来事５

事例が５つ以上出せたら認定に○を、出せなかったらNGに○をつけましょう

認定　　NG

シート⑨『再現性チェック』シート

▶A：わたしの特性

▶出来事1

▶出来事2

解説

「心が喜ぶ」×「得意」な仕事を実現するために“2人の人を納得させる”

りおさん（110〜111ページ）は「与えられた目標よりも高い目標を目指し、達成する」ところが特性だと書きました。ハンバーガーショップ、ピアノの発表会、受験のときというふうに、いろんな分野で特性を発揮していますね。

翔さん（112〜113ページ）は「最短時間でスムーズにものごとを達成できる段取りを考える」ところが特性だと考えています。銀行の業務の進め方、料理、通勤といろいろな分野で特性を発揮しています。

このように、本当に自分のもっている特性ならば、あらゆるところで発揮しているものです。もし、【出来事】が5つ挙げられない場合や、一分野での出来事しか思い当たらない場合には、11項（77ページ）に戻って考え直しましょう。

◉面接を突破するために

再現性があることは面接対策にも重要です。面接を突破するために、その特性が本当にあなたのもっている特性だと納得させなければならない人が2人いるからです。

1人目は、採用面接官です。

面接では、自分がどういう特性をもっているか、具体例（出来事）とともに話します。面接官はあなたの話す特性に「なるほど、たしかにそういう特性の人だ」と納得したら、その特性を活かして仕事をしている姿を想像します。入社して活躍しているイメージがわいたら内定です。これまでに経験してきたことと入社後の仕事がまったく同じだという可能性はほとんどありません。しかし、特性がわかれば、面接官にとって入社後の仕事ぶりを想像することは簡単なのです。

自己分析がバッチリできていると、面接はそんなに怖いものではないのです。

2人目は自分自身です。

特性に気づくと、自信がわいてきます。この自信が面接では大事。発する言葉に力が宿り、堂々とした雰囲気が信頼につながるからです。また、本当に自分の特性だと確信できないことをがんばって自己PRするのは、アクセルを踏みながらブレーキを踏むようなもの。車なら壊れてしまいますね。

自信とは、「もつもの」ではなく、「わいてくるもの」。

自信がわくまで自己分析して、面接を成功させましょう。

17 特性を強みとして磨くために、どんどん使おう

最後の仕上げは、特性を磨いて強力な強みとすることです。
日常生活の中で特性を磨くチャンスがたくさんあります。
すでに仕事をしている人は、転職や独立をする前にここまでに見つけてきたあなたらしい特性を今の仕事で最大限に活かす方法を考えてみてください。
仕事をしていない人は、部活やサークル、学校の勉強などの場面で特性を使ってみましょう。

日常生活の中で特性を磨くとは

日常生活の中で特性を磨くとはどういうことかを、わたしの営業経験を例に説明しましょう。

営業職に向いている人は、どんなイメージですか？　社交的でアピールが上手で押しが強いといったタイプを想像する人が多いのではないでしょうか。

しかし、わたしは逆のタイプでした。アピールが下手なうえに、押しが弱いのがコンプレックスでした。こんな状態でしたので、研修テキストをマスターし、上司やエースの先輩をまねして営業してもうまくいかなかったのです。

しかし、自分らしい特性を活かそうと決めてから、成績がグンと伸びました。

わたしは話を聞くのが得意です。特に、話し手がぼんやり考えているイメージを具体化することや相手がもやもやした気持ちの正体に気づくようなやりとりが得意です。

部活の後輩指導や家庭教師のアルバイト、人事時代の新入社員研修で、その人にあった夢や目標を実現するためのオーダーメードプランを考え、応援をするのも大好きでした。人となりを知り、夢や目標が共有できたとたん、実現へのアイデアがわいてくるのです。

この特性を活かして、とにかくお客さまの話を聞くことにしました。

来店されたお客さまへの営業でしたので、何かしら興味をもたれているはず。興味をもったキッカケから聞きはじめて、性格や生活スタイルや価値観を共有しながらその人が本当に欲している未来をイメージしていきました。

そして、実現したいことの期限と内容を踏まえて、その人にあった実現のシナリオを描いていくのです。

押しが弱いので「ご購入お願いします」「今すぐご契約を！」などという言葉は言えません。しかし、話が尽きるころ、お客さまのほうから「どうやったら契約できますか？」と質問されるのです。契約手続きの方法を説明し「本日、ご契約なさいますか？」で営業終了。

このように特性を活かすことで高い契約率を出すことができました。

特性を活かした出来事を増やしていこう

自分らしい特性を最大限に活かせる仕事・職場を探しながら、今の生活の中で、自分らしい特性を活かした仕事の仕方を考えてみてください。

仕事をしている人は仕事で、アルバイトをしている人はアルバイトで、サークルや部活動をしている人はその活動で、特性を活かして成果を上げる方法を考えてみましょう。

特性を強みに変えていくトレーニングの場になり、アピールできる「実績」にもなりますからね。

第4章

「苦手で耐えられないこと」を知る自己分析

この章で
することわかること

4章では、仕事とのミスマッチを防ぐために苦手を分析します。

- 苦手分析ワーク
- 本当に嫌なことをピックアップするワーク

苦手を知ることで、自己分析に深みが出るだけでなく、面接も、入社してからもうまくいくこと間違いなし！

18 どうして苦手・ストレスを知る必要があるのか？

第3章のワークで洗い出したように、誰もが何かしらの強みをもっています。「強みがわかれば十分なのでは？」と思われるかもしれませんが、それは大きな間違い。天職を生きている人は、「自分は何が苦手なのか」「どんなことをストレスに感じるのか」を知っています。これを知らないと、面接に通らない、早期退職、好きな仕事に就いたのにつらくなる、成功したのに苦しい、といった可能性が高まります。

こんな苦労をしないために、7つの要素をチェックしましょう。

❶労働時間
❷人間関係
❸職場環境
❹所属している組織への誇り
❺社長

❻お金
❼評価

なぜこの7つが重要だと思ったのか、少しお話ししましょう。

そもそものキッカケは、企業で採用の仕事をしていたときにさかのぼります。能力は申し分ない。やりたいことがピッタリ。人柄もGOOD。わたしはそんな人を面接したら、迷わずに採用していました。本人も他社の内定をけって入社した相思相愛の関係でした。ところが、「絶対に幸せに活躍する」と信じていた彼らの中から「体を壊してしまう人」「期待したほど活躍しない人」「退職する人」が出てしまったのです。

このようなミスマッチは本人もつらいですし、会社にとっても痛手です。わたしも想いを込めて採用した人が不幸になる姿を見たくはありませんでした。

そのため、ミスマッチの理由を分析しはじめたのです。

見えてきた原因は、「苦手・ストレス」の存在でした。どんなに大好きで得意な仕事でも、苦手でストレスが大きいことが含まれていると、うまくいきづらいのです。

それからは面接で苦手でストレスなことを確認するようにし、よりマッチした採用ができるようになりました。

このように面接を通して重視するようになった「苦手・ストレス」ですが、今は天職コンサルティングでご相談いただく就活、転職、独立、今後のビジョンメイクや原始反射の統合などに活かしています。

あなたも自分の苦手・ストレスを知っていれば、ミスマッチに気づくことができます。会社の100％を知ることはできないかもしれません。しかし、自分にとって大切なことがわかっていれば、事前に調べる方法がたくさんあります。入社前にあなたにとって「致命傷」になることがないかどうか見極めましょう。

ですから、今日限り**「会社なんて入ってみないとわからない」というセリフは禁句**です。イチかバチかの仕事選びをして、後悔することがないようにしてください。

また、好きな仕事を選んだはずなのに楽しくない、なんかつらいという人は、苦手でストレスなことを無理して行っていないでしょうか。あなたにとってストレスが大きい環境にいるのではないでしょうか。仕事自体を変える前に、本章でチェックしてみてください。

苦手・ストレスの中でも、特に重視したいのが先に挙げた7つの要素です。

体を壊したり、活躍できなかったり、不本意な退職・廃業をしたりすることがないように、苦手分析をはじめましょう。

19 【苦手分析①】労働時間を考える3つの切り口

まずは労働時間について考えてみましょう。
労働時間は3つの切り口で分析することができます。

A：どこまで長くて大丈夫？……人によって体力と精神力の限界が違います
B：不規則でも大丈夫？……定時orシフト制？　リズム型orメリハリ型？
C：深夜・早朝でも大丈夫？……デッドタイム（働けない時間）はないか

これらには多くの人がつまずくポイントが隠されています。
1つずつ解説していきましょう。

A：どこまで長くて大丈夫？

「好きな仕事だったら長時間でも大丈夫」という声に間違いはありません。「実力をつけるために忙しい会社で経験を積もう」という考えもいいと思います。

しかし、人によって肉体的、精神的な労働時間の限界（限界労働時間）が異なります。労働時間が負担になって好きな仕事を続けられない、そんな悔しい思いをしないように、限界労働時間を把握しておきましょう。

労働時間とは、継続して仕事をする時間です。つまり

「労働時間＝定時（7～8時間）＋残業＋休日出勤（＋持ち帰り業務）」ですね。

ここで気をつけたいのは、**人によって、「長い・短い」の感覚が違う**ということ。

ある日の少人数の講座で、労働時間について参加者に話してもらったときのことです。Aさんは「残業が多いのは嫌。のんびり働きたい」と言い、Bさんは「仕事大好き。残業も大好きです」と言いました。

そこで2人に「残業は何時までＯＫ？」と聞いてみました。

のんびり働きたいので残業が多いのは嫌だと言っていたAさんは、23時。残業大好きだと言っていたBさんは、20時だったのです。

このように、人によって「長い・短い」という言葉の感覚は違います。ですから、〝数字〟で表すことが重要なのです。

B：不規則でも大丈夫？

同じ時間働いても、勤務形態によって疲れやストレスの感じ方が大きく違ってきます。ここでは2つの面から考えていきます。

①定時出社？　シフト制？

定時出社とは、毎日決まった時間に出社する働き方です。

シフト制とは、交代勤務で担当時間帯が日によって変わることです。たとえば会社の営業時間が10時から21時の場合、早番は10時から18時、遅番は13時から21時という具合に2つの労働時間をつくり、交代で勤務します。社員は、ある日は早番、別の日は遅番というふうに、日によって出勤時間が異なります。病院やホテル、流通業界などサービス業に多い勤務形態です。

シフト制は生活リズムが乱れるため体力的にきついと言われがちですが、**時間をうまく使って満喫する人**もいます。たとえば、出勤前に英会話を習ったり、平日の昼間に銀行や役所の手続きをすませたり、マッサージやスポーツジムを利用者が少ない割引タイムに利用したり、なんてことができるのです。

シフト制に対応できると職種・業種の選択肢は広がりますが、リズムの変化が原因で体を壊す人もいます。

自分にあっているか過去を振り返っておきましょう。

②リズム型？　メリハリ型？

規則正しい生活が向いているリズム型の人は、日によって労働時間が大きく変わると疲れを感じやすくなります。

逆に、メリハリがあったほうが力を発揮する人もいます。

たとえば、締め切り前はラストスパートし、終わったら少し楽をするという働き方。商品開発、イベントの企画・運営、月刊誌の編集、会計・税務、システム開発などの納期や締め切りが厳しい仕事など、忙しい時期とそうでもない時期がある仕事はメリハリ型の代表例です。

メリハリ型の人は、規則正しい生活が続くと窮屈に感じたり、退屈に感じたりする場合もあります。

C：デッドタイムはない？

デッドタイムとは、**身体的、精神的に働くことがつらい時間帯**です。人によってはある時間帯に働くことで著しく体力を失ったり、集中力が切れたりして、仕事の継続が難しくなります。これを知らずにデッドタイムに働く仕事に就いてしまったら、致命傷です。

成実さんの例を見てみましょう。成実さんは、第一志望だった学習塾チェーンの教室運営スタッフとして就職しました。塾は夕方から夜に授業があります。そのため、勤務時間は14時から22時でした。少し残業をすると、最終電車の24時になります。成実さんの残業時間は、週に1回×1～2時間。それほど多くはありませんでしたが、1カ月後に体を壊してしまいました。それはデッドタイムが理由でした。

成実さんのデッドタイムは22時以降。学生時代、飲み会のあとにカラオケに行くと、2～3日はぐったりしていたそうです。夜はもともと苦手で、勉強は必ず朝にしていたと話してくれました。

1週間休んで復帰したときに、本社の広報部へ異動。9時から18時の仕事です。広報部では残業が21時や22時になることもありました。以前よりも長時間労働なのに元気に働くことができたのです。

その後、予備校のカウンセラーに転職。「心が喜ぶ」×「得意」な仕事（＝教室で生徒の成長を応援すること）と、苦手（デッドタイム）を考え、昼間に授業をしている予備校で働くことに決めました。


大好きで得意な仕事が決まっていても、デッドタイムによって会社選びが変わってくるんですね。


しかし、デッドタイムだと判断する前に、その時間帯は、生活習慣による苦手ではないか、考えておきましょう。

朝が苦手なのは学生生活に浸っているため、夜に弱いのは朝が早い仕事が原因、ということがあるからです。過去を振り返って、本当のデッドタイムか、それとも生活習慣によるものなのか見極めましょう。

・朝がデッドタイムの人 ⬇ 旅行などの楽しみがあるとき早起きすることはできま

すか？　学生時代、部活の朝練で早起きした経験はありませんか？

・夜がデッドタイムの人 ⬇　夜ふかしをした経験はありませんか？

・午後がデッドタイムの人 ⬇　お昼ご飯を食べて脳に酸素がいかない時間帯ですね。退屈なことをしているからつらいのではありませんか？　午後、何かにのめり込んで集中したことはありませんか？　食後のコーヒーが原因になっている人もいます（http://with-c.net/book/04/）。

・昼前、夕方がデッドタイムの人 ⬇　空腹が原因ではありませんか？　または、休憩を入れずに疲れがたまり、ちょうど集中力が切れるタイミングがその時間帯ということもありますよ。糖分（あめやチョコレート1片、はちみつを入れた飲み物など）で改善することがあります。

このような観点から、本当のデッドタイムか、生活習慣による苦手なのかを見極めましょう。

次ページは『苦手な労働時間を考えるワーク』です。質問に答えながら、考えてみてください。

シート⑩　苦手な労働時間を考えるワーク

①限界労働時間を計算しましょう

あのころはハードだったな、一生懸命だったなと思う時期を振り返ってください。そのころの１日の活動時間は合計何時間でしたか？　何か１つに集中した時間ではなく、活動していた時間をすべて足しましょう。

例：学校に行っている時間（７時間）＋部活（２時間）＋アルバイト（５時間）＝１４時間

＿＿＿＿＿＿＿＿＿＿時間

②シフト制は大丈夫？（✔をつけましょう）

□大丈夫！　□しんどいかも　□無理

③リズム型ですか？　メリハリ型ですか？（○をつけましょう）

典型的なリズム型 ● — どちらかというとリズム型 ● — どちらかというとメリハリ型 ● — 典型的なメリハリ型 ●

④デッドタイムはありますか？

＿＿＿＿＿＿＿＿＿＿

＿＿＿＿＿＿＿＿＿＿

＿＿＿＿＿＿＿＿＿＿

＿＿＿＿＿＿＿＿＿＿

＿＿＿＿＿＿＿＿＿＿

解説

仕事選びに「限界労働時間」はこう活かす

◉限界労働時間別仕事選びのワンポイントアドバイス

【12時間以上】 労働時間を気にせず好きな仕事を選びましょう。あなたが何かにのめり込むタイプなら、あまりにも暇な仕事だと、物足りなさを感じる可能性があります。退屈もストレスの1つなので注意してください。仕事・学び・趣味……エネルギッシュに動くことを意識して。

【10〜12時間】 平均的なタイプです。特に労働時間に対して苦手意識をもつことはありません。ただ、たくさんの会社の中には日常的にハードワークの会社もあります。事前にチェックすると安心です。

【8〜10時間】 限界労働時間は短めです。基本的に定時で終わる仕事を選ぶのが無難。ただし、自分にあった活動の仕方（「特性を活かした仕事の仕方」や「リズム型かメリハリ型か」など）を取り入れれば、限界労働時間が伸びる可能性もあります。再度見直してみましょう。

【8時間未満】 限界労働時間は短いほうです。2タイプに分かれ、対策が異なります。あなたはどちらのタイプでしょうか。

・熱中できるものがないために、本気になれないタイプ➡1章の「喜びの源泉」を分析して、仕事でも趣味でも熱中できることをはじめてみましょう。

・体力または精神力の限界が低いタイプ➡無理をすると心身のバランスを崩し、働くこと自体が難しくなります。自分にあった働き方を見つけましょう。フリーランスやパートタイムなど、短時間で働くのがよいでしょう。また、177ページから紹介している恐怖麻痺反射の統合により、限界労働時間が伸びる人も多くいます。

◉デッドタイムがない人も、仕事に応用してください

デッドタイムがない人も、よく体に耳をすませてみると、時間帯によって得意・不得意があることに気づかれると思います。「○～○時はミスが増える」「この時間帯は人と会うよりも1人で集中するほうが気分がいい」「この時間は発想力が落ちる」「○時になると仕事がはかどる。のってくる」なんてことはありませんか。

この得意・不得意を、仕事の段取りに活かせたら、より力を発揮しやすくなり、あなたらしい特性が輝いていきますよ。

ある編集者さんは、この自己分析をした結果「午前中に校正や企画書づくり、メールのやりとりをし、アポは午後から」と決めて、リズム型に近づけました。すると、仕事がはかどるようになり、早く帰宅できるようになったそう。締め切り前は夜遅くなることもありますが、以前より疲れがたまりにくいと話してくれました。

20 【苦手分析②】どんな人間関係が耐えられないか？

転職情報会社の調査によると、退職理由ナンバーワンは「人間関係」だそうです。わたしが受ける転職相談でも「人間関係がひどい会社なんです」「ちょっとおかしい組織です。もう耐えられない」などという声をよく聞きます。

しかし、「たしかにその会社はひどい！」というケースは極めてマレ。というのも、同じような人間関係の中でイキイキと楽しそうに働いている人もいるので、会社が100％悪いとは思えないのです。

それを証明するように「人間関係がいい職場」といってイメージすることは人それぞれで、まったく違う答えが返ってきます。

逆に「人間関係で辞める人は、どの会社に行ってもダメだ」といわれ、「わたしは、わがままなのでは？」「コミュニケーション能力が低いのでは？」と自分自身を責めてしまう人もいます。

誰にでも、得意な人間関係と苦手な人間関係があります。会社が100%悪いのでもなく、個人が100%悪いのでもなく、ただミスマッチだという場合が多いのです。

本項では、あなたにあう人間関係と耐えられない人間関係を考えてみましょう。

人間関係の不満をひもとくと、「職場の人間関係の特徴」が大きく影響しています。

2つの視点から見ていきましょう。

A：人との距離感

ある総合商社に入った2名の新入社員の話です。

慎吾さんも龍二さんも花形の部署に配属され、会社から大きな期待をされていました。1年後にはそろって「新人賞」を受賞。順調に活躍する2人ですが、心境には大きな違いが出ていました。

慎吾さんは、「すばらしい会社に入った」と大満足。

一方、龍二さんは「ひどい会社だ。もう辞めたい」と思っています。

この違いは何でしょうか？

慎吾さんに「すばらしい会社だと思う理由は何ですか?」と聞いてみました。

「とにかく面倒見のいい会社なんです。先輩も上司もていねいに仕事を教えてくれますし、仕事で行き詰まったときも、プライベートで悩んでいるときも、飲みに行こうと言って親身に相談にのってくれるんです。新人賞をとれたのも先輩や上司のおかげだと思います。同期も仲がよく、週末にしょっちゅう集まりますし、連休には旅行にも行ったんですよ。いい会社に入りました」


龍二さんが辞めたいと思う理由も聞きました。

「手取り足取り教えられると信頼されていないみたいでつらいんです。子供じゃないんだから自分で考えて行動できるのに。毎日のように飲みに誘われるのもわずらわしいですね。プライベートな時間まで会社の人と飲みたくありません。同期はべったりで、旅行までしちゃうんです。仕事は楽しいし、新人賞をもらって期待されているのはわかるけれど、この会社で続けていくことはできません」


慎吾さんと龍二さんは、同じ会社の同じ状況にいますが、まったく逆の反応をしていますね。人間関係の距離感によって、これだけの違いが出るのです。

人間関係の距離感には、ほかにも次のような切り口があります。

●飲み会は、誘い・誘われて毎日でも行きたい or 週1回くらいがちょうどいい／月1回で十分／半年に1回／仕事関係の人とは飲みに行きたくない

●同僚とはプライベートでも仲がいい／仕事上でだけ仲がいい

●手取り足取り教えてほしい／任されて自分で吸収するほうがやりやすい

●教育担当の先輩がつくと安心／わからないときだけ聞きに行くのがいい

●グループで行動したい／必要なときだけ集まりたい

●チームの一体感や連帯感を求める／求めない

●家族や趣味の話もどんどんしたい／別に苦にならない／プライベートな話はしたくない

B：チームの規模

仕事でかかわる人の規模によって、自分の特性が活かされないことや持ち味が死んでしまうことがあります。

わたしの義姉、泉さんがネットショップを立ち上げたときのことです。

タイから洋服を仕入れて、マネキンや友だちモデルで写真撮影。商品の写真をホー

ムページにアップして、春にネットショップが完成しました。いったん完成したら、あとは季節ごとに掲載商品を差し替えるだけです。すぐに夏服の仕入れがあり、同じように写真撮影をしました。しかし、暑くなっても、ネットショップには一向に夏服の商品が載りません。さらに冬物の仕入れをしましたが、商品は掲載されないまま春になりました。

泉さんの苦手は、1人ぼっちで仕事をすることでした。

「1人きりで仕事をするのは向いていないわ。OL時代はパソコンに向かって1日中集中できたんだけど……。1人でやっているつもりだったけれど、必ずまわりに人がいたのよね」

隣でがんばっている人がいる。それが泉さんのエネルギーだったのですね。

その後、泉さんはデザイン会社でネットショップ立ち上げの仕事をしました。オフィスに行って人に囲まれて仕事ができるので、ばっちり役目を果たしたそうです。

このように仕事内容がマッチしていても、人間関係の規模やかかわり方で発揮できる力が変わることがあるのです。

泉さんは1人が苦手。逆に、大人数が苦手だという人もいます。

あなたには、苦手な規模はありませんか？「1人で黙々と仕事をするのが好き」「1対1で接客をするのは苦痛だけど、大人数向けの研修講師は大好き」という人もいましたよ。

●大人数になったら、自分が出しにくいなんてことはありませんか？
●大人数になればなるほど、エネルギーがわいてきますか？
●人数が減るとやる気がしぼんでしまいませんか？
●人数が減ると責任感が増してイキイキしますか？
●少人数で顔の見える職場に安心しますか？
●大人数の中で働くことに躍動感を感じますか？
●特性を活かしやすい規模はどれくらいでしょうか？

では、次のページのワークであなたが好きな人間関係と苦手な人間関係を考えてみましょう。

シート⑪　好きな人間関係と苦手な人間関係を考えるワーク

①あなたは大規模・中規模・小規模、どんな集団が快適ですか？ ○をつけましょう

大規模・中規模・小規模

②その規模の具体的な人数は？

大［　　　人］　中［　　　人］　小［　　　人］

③どんな距離感でつきあうのが快適ですか？

自分が快適に仕事をしている姿を思い浮かべてみましょう。ミーティングなのか、お客さまのところにいるのか、自分のデスクにいるのか、飲み会をしているのか……その状況を、絵や文字で自由に表現してみましょう。

まわりにいる人の人数は？　一緒にいるのは、どんな人たちですか？　お客さま？　取引先？　社内の人？　同じ立場の人？　違う立場の人？　その人たちとの距離感はどれくらいですか？

④こんな人間関係は耐えられない！　と思う状況を想像してみましょう。そしてその状況を書き出してみましょう。

解説

人間関係は変えられる

人間関係とは、固定したものではなく、人が入れ替わりながら変化するものです。ですから、入社後に自分から働きかけをして心地いい人間関係をつくっていくことも可能です。

あるとき、転職したての哲也さんから「人間関係が苦痛だ」と相談がありました。同じ部署に6人の社員。誰もひと言もしゃべらずに1日中もくもくと仕事をしているそうです。哲也さんはそれが気づまりで、耐えられませんでした。

わたしは哲也さんに「話しかけてみましょう」とアドバイスしました。

実際に話しかけるようになったところ、同僚から「雑談と笑いがスパイスになって、より集中できるようになったよ」「哲也さんのおかげでみんなが仲よくなったね」「朝、哲也さんと笑顔で話をすると1日やる気になります」と感謝されたそうです。

人間関係は、あなたの働きかけで、変えることができるのです。

自分にあった人間関係を選ぶ目をもつとともに、周囲を巻き込んで、心地いい人間関係をつくる力も身につけていきたいですね。

21 【苦手分析③】どんな職場環境か？

「職場環境」とは、職場の雰囲気、文化、ルール、給与制度のことを指します。これらは働いてみないとわからないのでは？　と思われる人が多いのですが、希望がはっきりしていれば事前に調べられるので、入社後のミスマッチを防ぐことができます。独立して資格認定制度によるビジネスをしている人・したい人にも重要な要素です。

A：職場の雰囲気

あなたにとって快適な雰囲気、苦手な雰囲気を具体的にイメージしましょう。人によって、いい雰囲気だと感じる環境も、耐えられないと感じる環境も違います。「雰囲気のいい会社で働きたい」「雰囲気の悪い会社は嫌だ」という人は、それがどんな雰囲気なのか言葉にできるようにしましょう。次ページに会社の雰囲気を表すキーワードを挙げました。あなたにあった雰囲気を見つけてください。

②左ページで○×をつけたキーワードを具体化しましょう。
「アットホーム」というキーワードを選んでも、人によって想像する雰囲気が異なります。あなた自身のイメージを詳しく書いておきましょう。

○をつけたキーワードのイメージを具体化

×をつけたキーワードのイメージを具体化

シート⑫　どんな雰囲気がいいかを分析するワーク

①いいと思うキーワードに○、耐えられないと思うキーワードに×をつけましょう。

□アットホーム	□チャレンジ	□穏やかな
□切磋琢磨する	□変化	□プレッシャー
□のんびり	□安定	□営業成績のグラフ
□バリバリ	□プロ意識	□個人主義
□じっくり育成	□若い	□チームワーク
□少数精鋭	□熟練した	□根性
□競争・ライバル	□スピード感	□楽しい
□議論	□ていねい	□自分の仕事に集中
□相談	□大ざっぱ	□和気あいあい
□協調	□着実	□責任が大きい
□助けあう	□明るい	□やさしい
□非人道的	□落ち着いた	□厳しい
□躍動感	□固い	□安心
□淡々と	□真面目	□快適
□規律	□ユーモア	□真剣
□華やか	□できなくてもやってみろ	□笑い
□素朴	□確実性を求める	□笑顔
□鬼軍曹	□閉鎖的	□改善
□不衛生	□官僚的	□改革
□親会社からの制約	□風通しがいい	□効率化
□サークルっぽい		□歴史を守る

解説

一般論に惑わされず、自分にあう環境を選びましょう

ほかの人が働きにくいと言う環境でも、自分が気にならなければＯＫ！　中には、一般的に働きづらいといわれる環境に、好んで飛び込む人もいます。

「就職人気ランキング」や「働きやすい会社データ」を参考にするのはいいのですが、惑わされないように。「人気がある会社＝自分にあっている会社」とは限りません。あくまでも自分の感覚を大事にしてください。それが幸せに仕事をする秘訣です。

B：会社の文化、ルール

会社の文化やルールが自分の性質にあっていないと、やる気が起きなかったり、なじめなかったりして、退職につながることがあります。

次ページに挙げた会社の文化やルールを見てください。

気にしない人にとってはバカバカしい内容に見えるかもしれませんが、実際に耐えられなかった人、違和感があってなじめなかった人がいる事例です。

あなたが耐えられない文化やルールがないか、参考にしてください。

そして、もう一歩踏み込んで、「なぜ嫌なのか」を分析しましょう。

たとえば、「毎月第3木曜日は、机の上の書類、パソコンのデスクトップを整理する日」というルールがある会社なんて嫌だ！　と思ったとします。嫌な理由が「そんなことは自分で日々行なうこと。会社に決められるのは過保護に感じて窮屈だから」だったとしましょう。そうすると「過保護」「窮屈（自由じゃない）」が耐えられない要素。リストにはありませんが「社外へのメールはすべて上司の承認が必要」なんていう会社も避けたほうがいいかもしれませんね。

シート⑬　耐えられない会社の文化、ルールを見つけるワーク

①失敗事例からチェック！……嫌だと思う文化、ルールにチェックをしましょう。

※ここに挙げた会社の文化やルールにいい・悪いはありません。嫌だと思った人がいるという実例です。あなたのやる気をそぐ環境、なじめない環境を分析するためのキッカケとして考えて。

□定時は９時からだが、全員８時 15 分には出勤。それ以降は遅刻のように肩身が狭い
□３時になると全員、仕事の手を止めておやつを食べる
□水曜日は残業をしてはいけない。17 時 15 分に電気が消える
□新入社員は、交代で朝のお茶出しをする
□年に２回、社長の自宅の植木剪定（せんてい）と草むしり
□有給休暇が残っていると、仕事がたてこんでいても課長から休むよう指示が出る
□長期休暇中は、会社の人と連絡をとってはいけない
□役職名をつけない。すべて「さん」づけ
□部下に対して「○○君」、後輩は呼び捨てにする
□先輩・後輩に関係なく、タメ口で話す
□あいさつをあまりしない
□メールチェックは１日 10 分だけ
□毎月第３木曜日は、机の上の書類・パソコンのデスクトップを整理する日
□社員の８割が喫煙者
□「～ように見える」「～と思われる」という言葉じりを多用し、断言しない
□社内用語 (隠語) が多い
□会社の机でお弁当を食べてはいけない／机でお弁当を食べる
□茶髪禁止など、ファッションの制限が厳しい
□ジーパン・スニーカー・金髪・ピアスの社員がいる
□朝礼で１分間スピーチをする
□誕生日にはプレゼントを贈りあう
□飲み会では、仮装パーティー
□新年会や納会などのイベントは、一芸を披露する
□地域のお祭りに参加する

②チェックしたものを嫌だと思った理由は何ですか？

C：不満になりそうな給与制度

最近では、純粋な年功序列制をとる会社は少なくなりました。しかし、まだ実力とは関係ない給与制度を採用している会社も多いのが現状です。年功序列制は、生活が安定するというメリットもありますが、実力や貢献が給与に反映されない、若いうちは報われないというデメリットもあります。

一方、実力主義・成果主義の会社は評価に応じて給料が上がります。ただし、評価が低いときや、成果が出なかったときに給料が下がってしまうことも忘れてはなりません。

ここ数年、さまざまなジャンルで資格認定をする協会や企業が現れ、本業に活かすだけではなく副業や独立を見すえて学ぶ人が増えているようです。各団体で、仕事をするときの条件が異なります。不本意な想いをしなくていいよう、仕事をするときの関係をイメージし、あなたにとって、不満の原因になりそうなものがないか、確認しておきましょう。

次のページに、代表的な給与制度を挙げました。

シート⑭　不満になりそうな給与制度を分析するワーク

代表的な給与制度を挙げます。魅力を感じるもの、不満の原因になりそうなものを見つけてください。

●実力主義・成果主義的な制度

【月によって給与額の上下がある】

□100%コミッション制（完全成果主義）……売り上げの○%が収入となる制度。電話代や交通費などの経費は自分持ち

□固定給（基本の給与）が少なく、ほとんどの給料が成果で決定

【年によって、給与額の上下がある】

□毎年、年俸交渉をして翌年の給与が決定

□ボーナスで差が出る

□インセンティブがある

□利益配分が大きい。会社（部署）がもうかったら給与が増えるが、業績が悪いと賞与・基本給カットがある

【昇進・昇格の差がある】

□成果や実力によっては飛び級で昇進する

□降格もある。昔の部下が上司になることもある

□同期で昇給額に差がつく

●年功序列的・安定的な制度

【安定性を重視している】

□成果にかかわらず、年々給与が上がる（または下がる）

□利益配分が少ない。もうかってもあまり社員に還元されないが、利益は会社にプールされ、赤字の年でもボーナスが出る

【実力や成果と関係ない手当がある】

□年齢給がある

□家族手当、扶養手当がある（独身者よりも、家族がいる人の給与が高い）

□地方出身者には住宅手当がつく

22 【苦手分析④】所属している組織への誇りがやる気のもとか？

仕事内容や人間関係、収入などよりも、**「所属している組織への誇り」**がやる気のもとになる人がいます。

転職活動を通して「所属している組織への誇り」が大切だと気づいた百合絵さんの例を紹介しましょう。

百合絵さんが最初に就職したのは、特色ある素材を製造しており、業界では一目置かれるメーカーでした。配属先は経理です。仕事をひととおり覚え、経理のおもしろさを感じていた5年目、28歳のときに結婚しました。

新居から会社までは1時間半。18時が定時なので、残業を1時間しただけで夕食は21時になります。百合絵さんは「仕事は続けたいけれど、家事もしっかりしたい」と考え、転職することを決めました。新しい職場は自転車で5分。経理だけではなく財務も勉強できるとのことで、百合絵さんは大喜びで入社しました。

社長も同僚もいい人ばかりで、すぐに会社になじめました。ワークライフバランスをとって働けるうえに希望どおりの仕事内容。理想的な会社に見えました。

しかし、仕事になれてきた3カ月目のことです。以前の会社ではしたことがないようなミスを連発してしまいます。そういえば、なんだかやる気が起きません。

月曜日の朝がつらく、頭痛のため何度か午後から出勤しました。いい会社なのに、思ったように貢献できないのがもどかしくてなりません。

悩んだ百合絵さんは天職コンサルティングにいらっしゃいました。経理・財務の仕事はやりがいがあり、百合絵さんの特性を活かせる仕事。それなのに2社目でやる気が起きなかったのは「所属している組織への誇り」が満たされなかったからだとわかりました。

最初の会社で百合絵さんのやる気の源泉になっていたのは**「特色のある素材をつくっている、この会社でしかできないものづくりがある。わたしはそれに貢献している」という誇り**でした。「あの会社の役に立てるなら、経理ではなく、別の仕事でもやりがいを感じます」と話してくれました。

「今の会社では、やる気がわかない」と思った百合絵さんは、再び転職を決意。次に選んだのは、特殊技術をもつ工場の管理部門です。魅力の理由は、やはり「特別な技術がある」という点でした。「この会社の特殊技術はすごい。わたしもこの会社の役に立ちたい」とほれ込んでの入社。仕事内容は、経理・財務だけではなく、総務も、営業事務も雑用も、何でも行ないます。以前ほど専門知識を必要としないので、昔の同僚からはキャリアダウンだと言われましたが、気になりません。自分がやる気をもってイキイキと働けることが幸せだと思うからです。

ちなみに通勤時間は40分。残業もありますが、休日に食材をまとめ買いしたり、煮物をつくり置きしておいたり、宅配を利用したりと、家事も工夫しています。

所属している組織への誇りが大切な人の中にも、いろんなタイプがいます。百合絵さんは**「特別な技術」**がキーポイントでした。

業界の二番手企業にばかりひかれる人もいます。「一番を目指す」「トップに戦いを挑む」という状況に燃えるそうです。

また「業界の革命児」「世の中の常識をくつがえした」という会社に目を留める人もいます。「この仕事はおもしろそうだ！」と思って同じ業界の別の企業を調べてみても、おもしろそうだと思えない。業界の革命児ですから、同じ業界に何社もないのですね。こういう人は、業界や会社規模に関係なく、革新的な企業で働くのが楽しいでしょう。

有名企業ばかり志望する人も、所属している組織への誇りが大事なタイプかもしれません。ブランド志向を否定する人もいますが、本当にやる気の源泉になるならこだわってもいいのではないでしょうか。注意したいのは、自信がないためにブランド企業でカバーしようという心理。内定しづらい上、入社できてもずっと不安は続きます。

独立したら自由に見えますが、業界団体や仕事のグループに息苦しさを感じる人もいます。

あなたは所属している組織への誇りがやる気に影響しますか？
どんな組織に所属の誇りを感じますか？
次のページのワークシートに記入してみましょう。

シート⑮　組織への誇りが必要かどうかを考えるワーク

①所属している組織への誇りが必要だと思いますか？

□ YES（②に進む）

□ NO（所属している組織への誇りは不要です。次項へ進む）

②どんな企業が好きですか？（下の例を参考にしましょう）

【例】時代の最先端／これから伸びるベンチャー企業／誰もが知っている有名な大企業／あこがれの業界である（「マスコミ」「病院」など）／理念に共感できる※／社会を変える※／社会的存在意義が高い※

※自分の方向性も書き込みましょう。どんな理念だといいのか、どんなふうに社会を変えたいのか、社会的存在意義とは何か、が仕事選びのカギになります。

③②で選んだような会社でなければ、やる気をもてずに力を発揮できないと思いますか？

□ YES（仕事選びは、会社を好きだと思うかを重視して。仕事選びをしながら、どんな会社がいいのかを明確にしましょう）

□ NO（致命的な苦手ではないので、こだわりすぎる必要はありません。最終段階で判断の参考に）

23 【苦手分析⑤】社長に共感できるか？

実は、退職の理由としてとても多いのが、「社長に共感できない」という点です。

入社のときはみなさん、意外と見落としがちなんですよ。

もちろん、社長に共感できなくても、仕事内容があっていれば幸せだという人もいます。自分のまわりの人間関係がよければ、社長は関係ないという人もいます。

あなたにとって、社長に共感できないことは、耐えられない要素でしょうか？

A：性格、**B：経営方針**をチェックしてみましょう。

A：性格

当然ですが、社長も人間です。あなたと性格があう社長も、あわない社長もいるでしょう。「こんな性格の社長と働くのは耐えられない！」という社長像はありませんか。

ただし、社長との相性は大事な要素ではありますが、「こんな社長は嫌だ！」と言う前に2つだけアドバイスさせてください。

◉社長とは変わっている生き物である

社長は、個性的で常識はずれな発想や行動をする人が多いものです。人と違うからこそ、お客さまに支持されるビジネスモデルをつくり、従業員を雇えるほどの会社で社長ができるのです。ですから、「変わっている」といって毛嫌いするのは性急です。「普通と違う感性があるから社長業が務まり、会社が成り立っているのだ」と思う度量をもったほうが冷静に判断できますよ。そのうえで、好きか嫌いか、共感できるか感じてみましょう。

◉「言うことがコロコロ変わる」性格は嫌！　と思う人へ

社長に対する不満として多いのが「言うことがコロコロ変わる」。

わたしは会社員時代に、一代で上場させた創業社長3人のもとで働きました。独立後は、採用や育成のコンサルティングで社長とお会いする機会が多くあります。ですから「言うことがコロコロ変わる」という社長の習性は理解しているつもりです。

多くの社長とやりとりしていて思うのは、いいかげんな性格だから言うことがコロコロ変わるわけではないということです。代表的な3つのケースを紹介しましょう。

ケース1　状況の変化、新しい情報の入手で判断が変わる社長

【例】ガソリンが高いので、ハイブリッドカーの購入を決めた。総務部を呼んでハイブリッドカーの見積もりをとるように指示を出す。

その後、石油価格暴落のニュース！　総務部が見積もりをもって社長室へ行くと「やっぱりやめよう」と購入中止に……。

――感度の高い社長には日常茶飯事です。いきさつをすべて話してくれれば社員側も理解しやすいのですが、説明するには考えた時間の何倍も時間がかかります。事例のガソリン価格のように単純な出来事ばかりではないので、社長はいきさつの説明をはしょってしまうのですね。

ケース2　本質を探ると一貫している社長

【例】テレビCM企画のミーティングにて。「商品名を覚えてもらいたいんだから、有名人を起用して、もっと見たくなるようなCMにしようよ」。

翌日、有名人を用いたCMを提案すると……「有名人が出ていてもチャンネル変えるだろ。どうしたら商品名を覚えてもらえるのか考えて」。

——表面的な指示だけを聞くと、相反することを言っているように見えます。しかし、社長の指示は「商品名を覚えてもらうこと」「そのために見てもらえるＣＭをつくること」の2点からぶれていません。本質的なメッセージをとらえれば、一貫した指示を受け取ることができます。すると先手を打った提案ができ、仕事のストレスが軽くなります。しかも、仕事ができるヤツだと重宝されるでしょう。

ケース3 頭の中で進化する社長

【例】社長の指示どおりにしたのにダメ出しされた。

——頭の切れる社長に多い特徴です。その時点でベストだと思う指示をします。しかし社員がその仕事を終えて報告するころには、そのベストが進化しているのです。指示どおりにこなすだけではなく、指示をもとによりよい仕事をしてほしいという期待もあるのでしょう。向上心の強い、頭の切れる社長である証拠です。

言うことがコロコロ変わる社長や上司に出会ったときは、どのパターンかな？　と想像してみましょう。ときに社長自身が迷っている場合もあります。そんなときは、翻弄されずに待つか、社長が決断できるように情報提供するなど、あなたの「心が喜ぶ」×「得意」な方法でかかわってみましょう。

B：経営方針

経営方針（ビジョン・理念・行動指針など）は、社長の特性や価値観が如実に表れるものです。**経営方針と自分の価値観が一致しないと苦しくなる人がいます。**

ひかりさんの例を見てみましょう。ひかりさんはアパレル業界で生産管理の仕事をしていました。デザイナーと工場の間に立って、布や付属品の取り寄せ、工場への製作指示、商品の検品など細やかなやりとりをして洋服をつくり上げる人気職種です。

あるとき、パリコレに発表しているブランドで人材募集がありました。ひかりさんはステップアップだと思って応募。見事、入社できました。しかし、満足いく職場ではありませんでした。「とりあえず納期までに仕上げればいい」という姿勢のため、ていねいなものづくりができなかったのです。

同僚の中には、納期重視のスピード感や効率化が性にあっているという人もいましたが、ひかりさんのつらい気持ちは変わりません。「ていねいなものづくり」は、ひかりさんにとって譲れない価値観なのだと、転職後にはじめて気づいたのです。

それでは、あわないと思う「社長の性格」「経営方針」がないかどうか考え、次のページに記入しましょう。

④あなたのこだわりの価値観、あなたの理念、あなたのビジョンを書きましょう。

⑤あなたのこだわりの価値観・理念・ビジョンと、会社の経営方針が一致しない場合、やる気に影響しそうですか？

□やる気がわかない（⑥に進む）

□気にならない（経営方針は問題なし。次項へ）

⑥こんな経営方針のもとで働くのは耐えられない！　というものがあれば書いてみましょう。

シート⑯　社長への共感が必要かどうか考えるワーク

①こんな社長のもとでは働けない！　という条件があれば書き出しましょう。

※学生の方は、思いつかなければこのワークは飛ばしてしまってかまいません。5章の仕事選びをしながら「嫌だ」「好きだ」という感情がわいたときに戻ってきて記入してください。

②あなたは、どちらのタイプ？

□①に書いたような社長でも、仕事で直接関係しなければ問題ない（次ページの解説へ）

□社長とふれあう機会がなくても、こんな社長がやっている会社では働きたくない

③こだわりの価値観がありますか？

□ YES（④に進む）　　□ NO（⑥に進む）

解説

数カ月後、数年後の変化も心に留めて

◉「仕事で直接関係しなければ問題ない」人への注意点

組織化されている規模の会社なら、平社員のうちは社長と関係することはほとんどありません。しかし数年後のことを考えて、どれくらい昇進したら社長と接するのかを調べておきましょう。

中には社長直属の部署や、社長と会う機会の多い部署もあり、新入社員のうちから社長と密に接することがあります。あわせてチェックするとよいでしょう。

◉価値観の変化も楽しもう

価値観を会社にあわせて無理に変えるのは、おすすめしません。仕事選びも仕事に就いてからも苦しくなってしまいます。自分の感情・感覚を大切にして。

しかし、価値観は、人との出会いや経験などによって変わるもの。

自己分析と仕事選びを通して価値観が変わっていくこともあるでしょう。その変化は楽しんでください。

24 【苦手分析6】生活できるお金はいくらか？

苦手分析6は、「心が喜ぶ」×「得意」ゾーンの仕事を目指すにあたって最大の心のブレーキになる「お金」がテーマです。ここでは、あなたが知っておくべき「3つの金額」を実際に計算します。

A：生きていくのに必要な最低限の金額
B：心にゆとりをもって生活できる金額
C：ぜいたくをしても十分な金額

なぜ、わざわざ3つの金額を出すのでしょうか。

「好きなことを目指したいけれど、生活できるだろうか」という不安によって、「得意」×「ストレス」ゾーンの仕事を選んでしまったり、目の前の仕事にしがみついて、本当に進みたい道を考えられなかったりする可能性があるからです。

多くの人が「生活ができればいい」と言いながら、生活できる最低限の金額も、理想的な生活ができる金額も知りません。ストレスの80％は漠然とした不安だといわれています。お金はその最たるもの。ですので「生活できるくらい」ではなく、最低いくら稼げばいいのか、具体的な数字で計算してみましょう。

それが**A：生きていくのに必要な最低限の金額**です。

「○歳ならこれくらい」「平均以上は……」といった他人軸の数字はいったん置いて、考えてみてください。

B：心にゆとりをもって生活できる金額、**C：ぜいたくをしても十分な金額**は、目標額になります。あなたの魂が喜ぶような仕事をすると、自然とクリアします。

シート⑰　生きていくのに必要な最低限の金額を計算する

今使っているお金の中で、「生きていくのに必要ないもの」はカットしましょう。最低限、生きていくための生活費なので、書籍代、旅行代などは含みません。

【参考】これまでにこのワークをした人の平均は、アパートを借りて１人暮らしをする人なら、もっとも物価の高い東京でも月７〜８万円でした。

項目	解説	金額
家賃	• 東京なら4万円程度（フロつき1Kアパート） • 実家の人は０円	¥
水道光熱費	節約したときの金額を計算しましょう	¥
食費	最低限の価格はいくらでしょうか	¥
下の欄には、最低限必要経費を以下に書き込みましょう		
		¥
		¥
		¥
		¥
		¥
		¥
合計		¥

解説

このワークをしていただくと、「お金って意外と必要ないのですね」とおっしゃる人が多いです。今の日本で就職して（アルバイトでも）、Aの最低生活費が得られないということは、まずありません。具体的な金額がわかると「生活できるかどうか」という不安が解消され、やりたい仕事に向かって一歩踏み出せるはず。

シート⑱　心にゆとりをもって生活できる金額を計算する

ぜいたくはできないけれど、ちょっとした楽しみの費用を書き加えます。

項目	解説	金額
Aの金額	Aで出した金額をそのまま書き込みましょう	¥
下の欄には、ゆとり経費を記入しましょう		
家賃差額	Aより少々グレードアップする人もいるかもしれませんね	¥
食費		¥
交際費	飲み会×回数など、現実的に計算しましょう	¥
ほしいもの	洋服や車などを書く人が多いです	¥
趣味	習い事や旅行などゆとりある生活に必要なもの	¥
貯金	理想の額ではなく心にゆとりを感じられる金額	¥
保険		¥
		¥
		¥
		¥
		¥
		¥
合計		¥

解説

人によって金額に違いが出てきます。物欲が低い人は、A：最低限の金額と大きな差はありません。あまりに娯楽費が多い人は、もう一度、見直してみましょう。ストレス解消や気晴らし、時間つぶしのためにお金を使っている、なんてことはないでしょうか。心が喜ぶ仕事でイキイキと働くことができたら、必要なくなる出費があるかもしれませんね。

シート⑲　ぜいたくをしても十分な金額を計算する

本当にしたいぜいたくのみ書きましょう。内陸に住んでいて海が嫌いなのに「ヨット」は×。海外旅行が好きなのに「軽井沢の別荘」も×。あなたにとってのぜいたくであることが重要です。

項目	解説	金額
Bの金額	Bの金額をそのまま書き込みます。	¥
下の欄には、追加のぜいたくを書き込みましょう		
		¥
		¥
		¥
		¥
		¥
		¥
合計		¥

解説

理想的な暮らしに必要な金額が出ました。心からこの暮らしを求めているなら、魂が喜ぶ仕事によって、実現するでしょう。

最初からCの水準がないと嫌だと思う人もいらっしゃるかもしれません。その場合は、もちろんこだわって結構です。

ただ、ちょっとだけ振り返ってみてください。「得意」で「心が喜ぶ」仕事でなければ、あなたの心は満たされません。その欠乏感を埋めるために、ぜいたくで紛らわそうとしていませんか？　漠然とした将来への不安を貯金で埋めようとしていませんか？　お金に目がくらんでストレスの大きな仕事に就かないようにしてくださいね。

実際は、お金のためにしているストレスの大きな仕事に費やす時間と体力が足かせとなって、Cの水準を稼げない人が多くいます。

25 【苦手分析⑦】どんな形で評価されるのが好きか？

あなたはどんな形で評価されたいですか？

求める形で評価されないとやる気をそがれたり、怒りを感じたりする人がいます。

代表的な評価の種類を挙げてみました。すべての評価を得られたら幸せですが、特にどの評価がうれしいか考えてみましょう。

●お金（金銭的な報酬。昇給やインセンティブ）　●昇進　●賞賛　●ねぎらい

●感謝　●チャンス（より大きな仕事、やりたい仕事）

次は、どう評価されたいかを、もう少し具体的にしてみましょう。

「昇給しなくなったのがキッカケで転職を考えはじめた」という義信さん。「お金」で評価されたい人ですが、とにかくたくさんの収入を得たいわけではありません。一年間の評価を目で見える形で感じたいのです。それは次の質問でわかりました。

「次の2つのうち、どちらが評価されていると感じますか？」

・成果が評価されて、月収10万円アップ。5年契約のため、5年間は昇給なし
・成果が評価されて、毎年4月に月収が5千円ずつアップする

義信さんは、後者のほうがうれしいそうです。5年間の合計収入は前者が500万以上も多いのに……。義信さんにとっては、「年々お給料が上がること」が評価されていると感じるバロメーターなのですね。

また「感謝」も人によってイメージの違いが出るところです。

あなたはどちらの「感謝」がうれしいですか？

・毎日ちょっとずつ「ありがとう」と言われること
・はじめての「ありがとう」は、3年ごしのプロジェクトを実現したとき。お客さまがわたしの手を取り、涙を流しながら、「あなたのおかげです。ありがとう」と言ってくれた

どちらの「感謝」に心が躍るのかで、選ぶ仕事が変わってきます。

このように具体化すると、「思っていたのと違った！」ということを防ぐことができます。次ページのワークで求める評価の形を考えてみましょう。

シート⑳　求める評価の形を考えるワーク

①何で評価されたいですか？

□お金（金銭的な報酬。昇給やインセンティブ）
□昇進
□賞賛
□ねぎらい
□感謝
□チャンス（より大きな仕事、やりたい仕事）

②どんなふうにしてもらったら評価されていると感じるか、具体的に書いてみましょう

③心が喜ぶ仕事でも、その評価がないと耐えられないと思いますか？

□ YES（仕事選びのときに要チェックです）
□ NO（参考程度に見ておきましょう）

26 本当に嫌なものをピックアップしよう

7つの苦手・ストレス分析はいかがでしたか?

本章の最後のワークでは、これまでに挙げてきた「苦手・ストレス」が、あなたにとって本当に嫌なものなのかを見直していきます。

人は、枠があると埋めたくなるものです。ですから、そんなに嫌だと思わないことも苦手・ストレスだと書いてあるかもしれません。

また、人が「耐えられない」と言うのを聞くと、自分も苦手な気分になってしまうこともあります。

ですから、もう一度見直しましょう。見直しは頭で考えるのではなく、ハートと対話してくださいね。「嫌な感じがするなあ」や「違和感があるなあ」といった〝直感〟を大切に、本当に嫌なものをピックアップしましょう。

シート㉑　最後の苦手・ストレス分析のワーク

苦手分析1～7で書き出した苦手・ストレスの中から、A「耐えられないもの」と、B「受け入れられるけど、嫌なもの」をピックアップしましょう。

A　絶対に耐えられないもの

B　受け入れられるけど、嫌なもの

解説

A「絶対に耐えられないもの」は、絶対に避けて、仕事選び・会社選びをしましょう。B「受け入れられるけど、嫌なもの」は、基本的には避けたほうがいいでしょう。しかし、多くの人が仕事選び・会社選びに入ると目をつぶってしまいがちです。幸せに活躍できる仕事や会社に選ぶために、このページを見直すようにしてください。ただし、「期間限定で受け入れる」という選択もありです。苦手・ストレスを納得のうえで選ぶなら、入社後の不満になることはありません。

27 「得意」で「心が喜ぶ」仕事を選ぶのが不安な人・怖い人へ

あなたは、変化することや、新しいことにチャレンジするとき、不安になったり、怖くなったり、ちゅうちょしたりすることが多いですか？

YESだとしたら、もしかしたら、緊張しやすかったり、人間関係で気を使いすぎたり、疲れやすかったりしませんか？

もし、1つでも該当するならば、「固める反射」が残っているからかもしれません。

「固める反射」をもつ人は、変化や新しいことに対して、自動的に身体が緊張し、「不安」や「恐怖」を感じやすいです。これは思考を通さない身体の反応なので、ロジカルに頭でいくら不安や恐怖の原因を解消しても、不安や恐怖は消えません。

ですから、不安や怖さを解消しようとしないで、抱えたままチャレンジするのも1つの選択肢。ただし、チャレンジに大きな勇気が必要で、チャレンジ後に疲れて動けなくなるようならば、日常的に反射が出ていることがないように、「統合」させることで、楽に動けるようになります。

また、「固める反射」をもつ人は、緊張しやすい傾向が強いです。無意識の自動的な動きなので、いくら「緊張しなくていいよ」と言われ、「リラックスしよう」と思ってもできません。そうすると、自分の持ち味を話せないまま面接が終わってしまったり、仕事で緊張すると、普段ならしないようなミスをしてしまったりすることがあります。対人関係で疲れてしまう人も多いです。

このように、「固める反射」が強くて困りごとになっている人は「統合」して、本来の良さを発揮できると良いですね。

わたし自身、本来、産まれたときに統合しているべき「固める反射」が大人になっても強く残っていました。人と話すときは、必ず笑顔になり、気持ちをつくってからのぞんでいました。これは、対人の緊張をカバーする行為です。表面上はうまく接していても、それだけ心や身体にはストレスがかかっていたのです。

「統合」を進めてきた結果、今では、素の顔で人と対面しても平気。とても、楽になりました。緊張やがんばりという無駄なエネルギーをあまり使わなくてもよくなった分、本当にしたいことに力を注げます。

多くの人は「○○があったからこんな気持ちになった」と思っていますが、実際は、何か出来事が起こる前にすでに身体感覚は起こっていて、起きた出来事のせいでその身体感覚が起こったと錯覚しているだけ。

◐感情とは身体感覚◑

①身体の反応が起こる
（ドキドキ・わくわく・うきうき・ゆるゆる・イライラ・ワサワサ・ソワソワ・ギュー・もやもや……など）

↓

②脳は身体の反応の理由を探す

↓

③感情のネーミングをする
（うれしい・楽しい・幸せ・感謝・不安・怒り・怖い・悲しい・罪悪感・不愉快……など）

↓

④脳は、その感情が起こっている原因を探す
※思考で原因を解消しても、①の身体の反応がそのままならば、感情は変わらない。

「固める反射」が強い人は、常に身体に力が入っていて、呼吸が浅い。その居心地の悪さを説明するために、「不安」とか「怖い」「嫌い」といった感情が出てくるというわけです。ですから怖がりや心配性は、もって生まれた性格ではなく、単なる身体の状態なのです。

さて、あなたはいかがでしょうか。次ページからのチェックシートで、固める反射の自己分析してみましょう。

■日常生活の困りごと

□ 引っ込み思案、内気
□ 人見知り
□ 緊張したときに息が止まりやすい
□ 身近な人から離れるのを怖がる
□ 集団が苦手
□ 注意を引きたがる
□ バランス感覚が悪い
□ 引きこもりがち
□ 乗り物酔い
□ 食べ物の好き嫌いが激しい
□ 睡眠が浅い・むらがある
□ 身体の動きがぎこちない
□ おうむ返し。同じことを繰り返して言う
□ スキンシップが苦手／スキンシップを多く求める
□ パニック発作
□ 自閉症スペクトラム
□ アレルギー（花粉症・アトピーなど）

当てはまるものがあったら、固める反射が原因かもしれません。

固める反射は、お腹の中の赤ちゃんが生きのびるためにもっている反射です。お腹の中にいるとき、母体が衝撃やストレスなどにさらされた場合、身体を固めて自分の身を守るのです。通常は、お母さんのお腹から出てきたら統合（卒業）しますが、大人になっても残っていると生きづらさにつながります。身体へのアプローチで解消していきます（詳しくは http://with-c.net/book/04/ に）。

シート㉒　固める反射のチェック

■仕事に影響する事柄
□　ストレスに弱い
□　気持ちを伝えるのが苦手
□　イヤ・だめ・できないなど否定的
□　人前で恥をかくことを恐れる
□　予定の変更が苦手
□　心配症。不安
□　恐怖症。臆病
□　涙もろい。かんしゃく
□　がんばっても、人と同じようにできない
□　がんばれない
□　人間関係を築くのが苦手
□　失敗が怖くて動けなくなる

■就職・転職活動で弊害になりやすい事柄
□　はじめての人が苦手
□　はじめての場所が苦手
□　緊張してうまく話せない
□　場面緘黙（ばめんかんもく）
□　駅や繁華街の人混みに疲れる
□　個室ではない場合、面接に関係ない会話や音に意識がいくことがある
□　ゆっくりできるけれど、素早くできない
□　不採用になるたびに過度に落ち込む
□　繰り返し行動が安心するので、毎日違う行動をするのがつらい
□　でかけるのが億劫
□　怖くてチャレンジできない

第5章

「心が喜ぶ」×「得意」ゾーンの仕事選び

この章でやること・わかること

5章では、これまでの自己分析をもとに、仕事選びをします。
●仕事選びで重視する「ポイント」を定める
●あなたにぴったりな仕事・会社を探す
●キャリアビジョンを「どうありたいか」で描く
あなたにとって「心が喜ぶ」×「得意」な仕事がわかります！

28 仕事選びのポイントを定めよう

この章では、いよいよ具体的な仕事選びに入ります。第1ステップは、あなたが仕事選びで重視するポイントを整理することです。

2〜4章で「心が喜ぶ源泉」、「強みの種、あなたらしい特性」、「苦手で耐えられないこと」の3つを分析してきましたね。

これらをあなたの「仕事選びのポイント」と呼びます。

これがはっきりすることで、仕事選びはもちろん、面接対策に絶大な効果を発揮します。

ですから、3つの結果が一目でわかるように184ページの『天職のマトリクス』に自己分析の結果を書き込むことからはじめます。

ただし、書き込むときにちょっと考えていただきたいことがあります。

それは、あなたの本当の気持ちですか？

あなたはこれまでにかかわった人々、親、親せき、学校の先生、友だち、先輩・後輩などから、さまざまな価値観を学んでいます。そのため、これまでに学習してきたほかの人の価値観を自分の気持ちだと思って仕事選びをしてしまうことがあります。

いくつか具体例を出しておきましょう。

もっとも多いパターンは**「自分の喜びの源泉」と親が喜ぶ仕事や会社が異なる場合**。**あなたが活かしたいと思う特性と、親や先生からの期待にギャップがある場合**もこれに該当します。

親や先生が喜ぶのを見てうれしいと感じているのか、自分自身が心の底から喜びを感じているのか、この違いはわかりにくいため、選択をぶれさせます。さらに親や先生を否定したくない気持ちが、自分の本音に気づくのを遅らせてしまいがち。

親や先生は、あなたとはまったく違う人格です。仕事選びのポイントも幸せな人生の定義も違っているのが当然です。

また、周囲の人たちに共感されないことを仕事選びのポイントだと認めるのは勇気がいります。

たとえば、**本当は耐えられないことなのに、周囲から「たいしたことない。気にするな」と言われたら、自分が間違っているような錯覚に陥りますよ**ね。

または、**「こんなことをしたい！」と思っても、周囲に理解してくれる人がいなかったら、不安や恥ずかしさを感じることがあります。**

でも大丈夫。天職コンサルティングで勇気をもって（？）ご相談いただくことがありますが、「そういう人、何人も知っていますよ」とお話しすることがほとんど。身近な人に共感されなくても堂々と「仕事選びのポイント」に定めましょう。

定めた瞬間から、それを共有できる仕事や仲間を引き寄せはじめます。

では、親や先生、世間の価値観か、自分の本音なのか、ハートや肚と対話しながら、184ページの『天職のマトリクス』を完成させましょう。

『天職のマトリクス』の書き方

ステップ1 2章で感じた喜びの源泉（45ページ参照）を184ページa欄に書き込みましょう

ステップ2 3章で見つけた仕事で使う特性（105ページ参照）もa欄に書き込みましょう

ステップ3 4章で考えた苦手で耐えられないことをb欄に書き込みましょう

ステップ4 自分の本当の気持ちではないものは削除しましょう

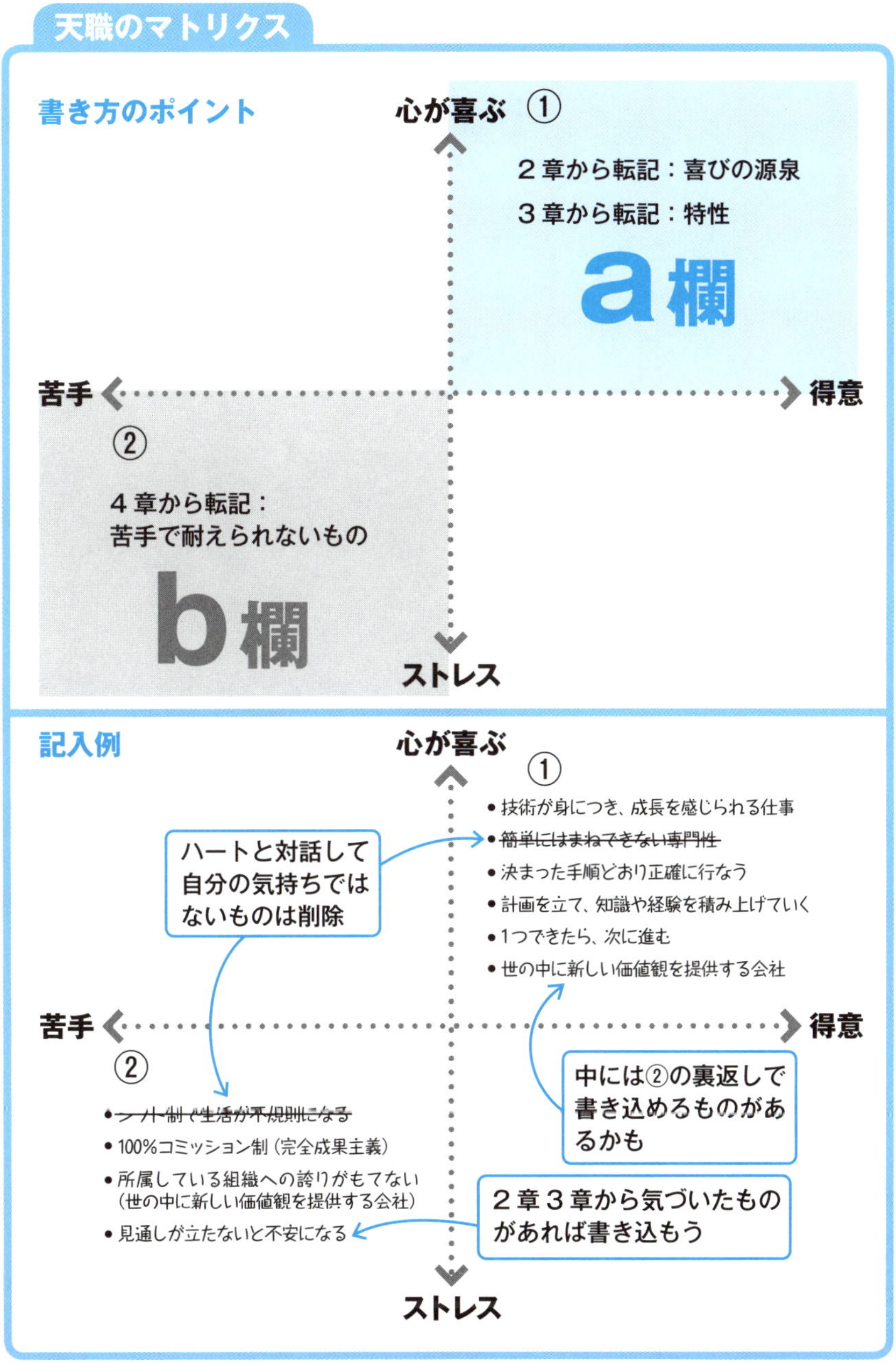
天職のマトリクス
書き方のポイント
心が喜ぶ
①
2章から転記：喜びの源泉
3章から転記：特性
a欄
苦手
得意
②
4章から転記：
苦手で耐えられないもの
b欄
ストレス
記入例
心が喜ぶ
①
•技術が身につき、成長を感じられる仕事
•~~簡単にはまねできない専門性~~
•決まった手順どおり正確に行なう
•計画を立て、知識や経験を積み上げていく
•1つできたら、次に進む
•世の中に新しい価値観を提供する会社
ハートと対話して自分の気持ちではないものは削除
苦手
得意
②
•~~シフト制で生活が不規則になる~~
•100%コミッション制（完全成果主義）
•所属している組織への誇りがもてない（世の中に新しい価値観を提供する会社）
•見通しが立たないと不安になる
中には②の裏返しで書き込めるものがあるかも
2章3章から気づいたものがあれば書き込もう
ストレス

シート㉓『天職のマトリクス』

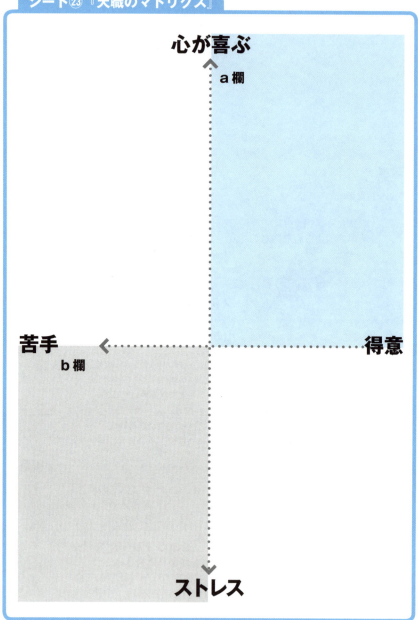

29 仕事をリストアップする

次は、仕事や会社をリストアップしていきます。

日本には約１５０万の会社が存在します。それぞれの会社の中にはさまざまな役割（職種や役職）があります。就職・転職する場合、この中から、あなたにぴったりな仕事を探すのです。

しかし、わたしたちの生活で目にふれる企業は、テレビＣＭをしているか、ニュースや新聞で話題になる企業くらいです。テレビＣＭで知る企業は、主に生活に密着したＢｔｏＣ企業（企業（business）と一般消費者（consumer）間の取引のこと）ですし、ニュースで知る企業はそのときどきで偏りがあります。

あなたが知っている企業やなじみのある仕事の中から選ぼうとすると、マスコミ、広告、金融、消費財（家電、旅行、自動車、ファッションなど）、インフラ（通信、鉄道、航空会社、エネルギー）などに限られてしまいます。実は、企業間で取引するＢｔｏＢの企業がほとんどなのですが、その存在を知らないまま仕事選びをするなん

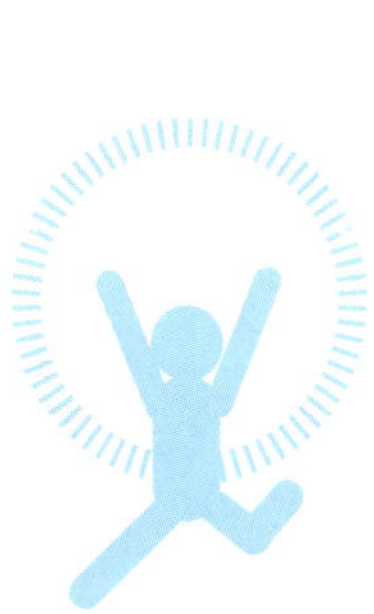

てもったいないですね。

まずは、どんな仕事があるのか、あなたの仕事選びのポイントに当てはまる仕事をリストアップしてみましょう。幅広く効果的にリストアップできるよう、コツを2つ紹介します。

直感でドンドン挙げてみる

リストアップするのは、**思いつきやイメージでかまいません。**

その仕事が本当にあっているかどうかは気にせず、「あっているかも!」「おもしろそうだ!」と感じたら、どんどんリストに書き込んでいきましょう。

「この仕事には就かないだろうな〜」と思っても、マッチしていたらあえて挙げてみるのも正解です。それがきっかけとなり、次の発想が生まれるからです。

業界・職種にこだわらない

業界や職種という分類が自分の軸とマッチする人もいれば、業界や職種では絞れない人もいます。求人サイトが業界と職種で求人広告を分類しているからでしょうか、しっかり仕事選びのポイントが定まっていても、いざリストアップとなると希望の業界や職種を決めなくては、という考えにとらわれる人が増えてしまいます。

もちろん、業界・職種からスタートする仕事選びも有効です。

しかし、**無理に業界・職種を絞る必要はありません。**4章で紹介したように「業界の革命児」に魅力を感じるなら、業界内に何社も存在しませんね。自然と多種多様の業界に応募することになるでしょう。

また、企業も変わりました。1社の事業内容は多岐にわたり、複数の業界に属しています。たとえば、写真のフィルムメーカーだった富士フイルムは、フィルムづくりの技術を活かして化粧品や医療機器をつくっています。

これからの時代の仕事選びは「心が喜ぶ」と「得意」が重なる自分らしさからスタートするのが効果的です。

ではさっそく、仕事・会社をリストアップして188ページのシート㉔に書き込みましょう。

シート㉔　仕事リストアップ表

軸にあう仕事・会社を思いつくままに書き込んでみましょう。

解説

とにかく幅広く探し、できるだけたくさんリストアップするのが効果的です。
数個しかリストアップできない場合は調べ方が足りないのですが、もし、今の段階でこれ以上調べる気にならなければ次に進んでください。次のステップのあとにまたここに戻ってきてもかまいません。

30 『会社サーフィン分析』をしてみよう

前項で、候補となる仕事をリストアップすることができました。

次は、『会社サーフィン分析』で自分らしく輝ける仕事を見つけましょう。

この分析は、**仕事に対するイメージと現実のギャップを埋め、仕事選びの『ポイント』の精度を高めることができる分析法**です。

採用ホームページや会社説明会などをネットサーフィンするように見ていくことから、会社サーフィン分析と名づけています。

仕事選びでもっとも多い失敗は「思っていた仕事とは違った」「こんな会社だと思っていなかった」というイメージと現実のギャップです。会社サーフィン分析で情報を集め、本当に自分の軸にあっているのかどうかをチェックしましょう。

また、これまで「喜びの源泉」「自分らしい特性」「苦手・ストレス」という3つの切り口で自己分析をしてきましたが、それぞれに見落としがあるかもしれません。

さらに、**仕事を詳しく知ることによってイメージがふくらみ、漠然としていたポイントが明確になることもあります。**

会社サーフィン分析をすることで、リストアップした仕事があっているかを確認すると同時に、見落としていたポイントを見つけたり、漠然としていたポイントを具体的にしたりして「会社選びのポイント」の精度を高めていくのです。

では、会社サーフィン分析をはじめるにあたり、注意点を2つお話ししておきます。

それぞれの業界ごとに特徴的な体質がありますが、数社を見ただけで「〇〇業界はわたしにはあわない」と決めつけてしまうのは性急です。

「広告の仕事をしたいけれど接待が多そうだ。お酒の場は苦手だから広告業界は無理そうだなあ」と思ったとしても、もう一歩突っ込んで調べてみるのです。

- 接待のない広告代理店はないか
- 会社としては接待をしているけれど、接待をしなくていい仕事がないか
- 自分が入社して、変える余地がないか
- 違う業界で広告の仕事ができないか

業界の常識を覆すことで成長している企業もあります。業界の風習を変えたいと努力している会社もあります。社内にポツンと業界の風習にそまらない部門が存在する

こともあります。自分流のやり方を認めてくれる会社もあります。

「業界」「会社」とひとくくりにせず、個別の企業、個別の仕事で見ていくことが本当にマッチした仕事に出会う秘訣《ひけつ》です。

また、職種は、各社で意味あいが異なります。

「同じ業界の同じ職種なのに、仕事内容がまったく違う」ということもめずらしくありません。たとえば、営業職は外回りをして契約を取ってくるというイメージをもつ人が多いですが、これはほんの一部です。

販促物製作のA社では、電話がかかってきたらそれは仕事の依頼。営業職の役割は、顧客がつくりたいモノ（たとえばコンサートグッズや、有名人がデザインした雑誌付録のネイルチップなど）を大量生産する仕組みを考えて、納期と予算を間にあわせること。外回りもしないし、契約も取らないのです。

同業他社では、同じ仕事をする人をディレクターやプロジェクトマネジャーと呼んだりします。

ですから、職種名にとらわれず、1社1社ていねいに仕事内容や仕事の進め方を調べましょう。

では、以上の2点に注意して、会社サーフィン分析をしてみましょう。

『会社サーフィン分析』の進め方

ステップ1

１９４ページからはじまる見開きページを使います。ノートを使って大きく書き広げるのもよいでしょう。

ステップ2

シート㉔でリストアップした会社・仕事について調べます。まずは、インターネットで求人サイトや個別の企業のホームページを見てみましょう。

ステップ3

インターネットを見て、魅力的だと思った仕事や会社をA欄に書き込みます。その魅力やピンときたフレーズをB欄にメモしておきましょう。

ステップ4

よく見てみると、「思っていたのと違った」という仕事はC欄に書いてください。D欄には、違うと思った理由をメモします。

ステップ5

また、会社選びのポイントにマッチする仕事であるにもかかわらず、違和感があった

り、なんとなく嫌だと感じたりする会社も出てくるはず。それもC欄に書いてください。D欄には、ひっかかったキーワードや、違和感があった部分をメモしておきます。

ステップ6

ひととおり書き出したら、コーヒーでも飲みながらリラックスして眺めてみましょう。

魅力的な会社の共通点はありませんか？　嫌な会社の共通点はありませんか？　これが新しい会社選びのポイントです。184ページの『天職のマトリクス』に書き加えておきましょう。

なんだか嫌だ、違和感がある、ピンと来ない、暗い気持ちになる、ハートが拒否している ✕	
C 欄	D 欄

共通点はありませんか？　新しく気づいたことはありませんか？

（新しい「仕事選びのポイント」や具体化した言葉は、184 ページに書き加えましょう）

シート㉕『会社サーフィン分析』

魅力的、好き、わくわく、楽しそう、おもしろい、楽しい、いい感じ、そそられる	
A欄	B欄

共通点はありませんか？　新しく気づいたことはありませんか？

（新しい「仕事選びのポイント」や具体化した言葉は、184ページに書き加えましょう）

解説

もう一度、仕事のリストアップを

会社サーフィン分析をしたら、志望企業が少なすぎて不安な人は↓31項へ（197ページ）

会社サーフィン分析をしても、志望企業が絞れずに不安な人は↓32項へ（204ページ）

よし！　応募しよう！　とやる気になった人は↓33項へ（207ページ）

会社サーフィン分析をすると、見落としていた「仕事選びのポイント」を見つけたり、漠然としていた内容がより具体的になったりします。そうしたら、184ページに戻り、「仕事選びのポイント」を書き直します。

新しいものにしたがって、再び仕事をリストアップしてください。そして、『会社サーフィン分析』……このように、繰り返していくことで、あなたの「仕事選びのポイント」はより鮮明になり、志望企業やチャレンジしてみた仕事は増えたり減ったりしながら、最終的に「ここで働きたい！」「この仕事をしたい！」と思えるものに自然と絞られていきます。

31 志望企業が少なすぎて不安な人へ

会社サーフィン分析法をしたら、候補となる仕事が少なくなり、不安になる人がいます。志望企業すべてに落ちてしまったら……とか、方向転換したときには募集が終わっていたら……なんて思う人が多いようです。

志望企業が少なくなりすぎる原因は、大きく分けて3つあります。

①自分にあっている会社の存在を知らない
②視野が狭い
③世界中のどこにも、あなたの希望を満たす仕事がない

あなたは、どれでしょうか？

「仕事選びのポイント」を再確認して、人にぶつけてみることで解決できる

どこか固定の数社（または1～2業界）がいいと思っている人は、相手をよく知らずに「あこがれ」で志望していたり、その会社や業界にほれ込んでいるために冷静に見ることができず、その企業のすべてがいいと思っていたりする可能性が考えられます。このまま応募すると説得力のある志望動機が語れないので、選考でうまくいかないという危険性も。

「この会社がいい！　好きだ！」とおおざっぱにとらえるのではなく、その会社（業界）で得られる喜びをもう一度分析しましょう。

また、自分の特性がその仕事にあっていると思う理由を言葉にするのも効果的です。

そして、

喜びの源泉を満たす仕事はほかにないか？

その特性を活かせる仕事はほかにないか？

を探してみましょう。

まったく違う業界でも自分の仕事選びのポイントが満たされる場合があります。狭い範囲で考えていないでしょうか？　可能性を広げるために、自分だけで考え込まず、

人の発想や検索サイトの力を借りましょう。

面接でも天職コンサルティングでも「この会社しかありません！」という人にたまに出会います。しかし志望理由を聞いてみると、その会社である必要を感じないケースがほとんど。そんなときは別の会社について話してみます。

「たとえばこんな仕事は興味ない？」

「そんな仕事もあるんですか？　おもしろそうです」

こんなふうに、あっさり選択肢が広がることが多いんです。

世界中のどこにも、ポイントを満たす仕事がない人は

ごくまれに「③世界中のどこにも、ポイントを満たす仕事がない」という人がいます。そういう人は「自分でその仕事を生み出す」という道を歩む人です。

新しいサービスや新しい事業は、誰かの「こんな仕事があったらいいのに」「こんな仕事がしたい！」という思いつきから生まれています。

わたしが天職コンサルタントをはじめた２００５年、個人からコンサルティング料をもらってキャリアの相談に乗る人や会社は、インターネット上にありませんでした。

当時は無料のキャリアコンサルティング・カウンセリング、就職指導が全盛でした。ですから周囲からは「お金を払って頼む人なんていない」「仕事になるわけがない」と言われました。

しかしわたしは、相談者からお金をもらうことにこだわりました。というのも、無料のサービスは、相談者からお金をもらわない代わりに、どこかにスポンサーがいます。どうしてもスポンサーの利益を考えた対応をするため、個人のキャリアにとっては疑問に思うアドバイスがされることがあるのです。

派遣会社や人材斡旋会社（転職エージェント）なら、いかに、契約している企業に、興味を向けさせ、入社までもっていくかが売上・利益になります。

大学ならば、入試広報に有力な、大手企業・有名企業に誘導してしまうこともありますし、おつきあいのある企業に一定数が入社するよう、紹介したり、内定辞退したいと学生が相談したら、思いとどめさせたりします。

合同企業説明会などの就職イベント・転職フェアは、出展企業に、いかに訪問させるかがポイントとなります。

そして、これらには、独立起業や進学という選択肢がありません。

わたしは、心から、本気で１００％相談者のためのコンサルティングをしたい。ですから、純粋にご相談者に向かい、純粋にご相談者に寄り添い、純粋にご相談者の幸せを願ってコンサルティングをするために、お金を、ご相談者からいただくことにしたのです。

これにより、無限の選択肢の中からアドバイスをすることができます。お陰様で初年度からお申込みがあり、全国（ときに海外）の人に喜んでいただいています。

やりたい仕事が世の中になかったら自分でつくってしまう。そんなふうに天職にたどり着く人もいるのです。

自分で新しい仕事を生み出す道は起業だけではありません。会社の中でも、新規事業を提案することができるのですから。世界中のどこにもあなたの仕事選びのポイントを満たす仕事がない場合は、自分でその仕事を生み出す方法を考えてみてください。

このときのコツも人に話すこと。質問やアドバイスをしてくれたり、否定されることで新しい発想につながったり、アイデアや情報をもらえたりするので、実現への可能性が開けてきますよ。

次ページに、志望企業が少ない人のための『「喜びの源泉」を再確認するワーク』を用意しました。仕事選びのポイントを見直し、あなたの可能性を広げる助けにしてください。その次の『「特性」を再確認するワーク』で、仕事とあなた自身をつなげていきましょう。

シート㉖「喜びの源泉」を再確認するワーク

①志望企業（志望業界）ではどのような喜びが得られますか？

②①で書いた内容を人に話してみましょう。そして相手に聞かれたことをメモしておきましょう。
答えを考えることが自己分析を深めることになります。

③質問の答えを盛り込んで、喜びの源泉を書き直してください。

④同じ喜びを感じられる仕事や会社はありませんか？
自分１人で考えたり調べたりするだけではなく、人にもどんどん聞いてみましょう。

⑤リストアップしたら、会社サーフィン分析法をしてみましょう。

シート㉗「特性」を再確認するワーク

①志望企業（志望業界）では、どんな特性を活かしたいですか？

②周囲の人に「どんな仕事で、こういう特性が活かせますか？」と質問してみましょう。答えを下にメモしてください。

もし、相手の答えがピントはずれだと思ったら、あなたの特性がまだ漠然としているということです。志望企業の面接官にも伝わりません。3章を復習して具体化しましょう。

③苦手で耐えられないことが入っていないかチェックします。

ＯＢ・ＯＧ・社員訪問をしてみましょう。転職の人は手を抜きがちですが、できるだけ行なってくださいね。

32 志望企業が絞れない人へ

ここでは、志望企業が広がりすぎて絞れない人のためのアドバイスをします。

一般的な就職アドバイスでは「業界を2～3個に絞れ」と言われます。ですから広がりすぎると不安になってしまうようです。また、「応募が大変そう」、「自分で何をしたいのかわからなくなる」という声も聞きます。

あなたの可能性を閉ざさないように志望企業はどんどん広げていきましょう。ただ、次の3つの理由から広がりすぎているのであれば、対策が必要です。

①仕事選びのポイントにあっているか確認したいが、ホームページなどの公開情報では判断がつかない

②仕事選びのポイントが少ないため合致する仕事が多い

③仕事選びのポイントが漠然としているため拡大解釈をしていることに気づきにくい

これらの状態から抜け出すには、まず「動いてみる」ことです。

「動いてみる」と自然に絞られる

説明会、社員訪問、展示会などに足を運んでみましょう。電話やメールで問い合わせをしてもいいですね。直接話を聞いて、はじめてあなたの仕事選びのポイントにあっているかどうか判断できることもあります。ホームページでは気に入っても、実際に雰囲気を目の当たりにしたら嫌だと思う会社も出てくるはず。こうして、自然と好きな会社は減っていきます。

「動いてみる」のもう1つの効果は、**踏み込んで調べることで、仕事選びのポイントが具体化したり、新たに見つかったりする**こと。

新しい仕事選びのポイントにしたがって志望企業を見直すとあわない企業が出てきます。会社研究と自己分析が進めば自然と志望企業は絞られていくのです。

ですから、無理に優先順位をつけたり、たいして重要だとは思っていない条件で絞り込んだりする必要はありません。

情報収集（＝行動）に力を入れましょう。

志望企業が増えたり減ったりしながら、天職に近づいていきます。

シート㉘　情報収集準備シート

情報収集のコツは事前準備です。特に質問を投げかける場合は「何を聞くか」ではなく「どう聞くか」が大事。漠然と質問すると、つかみどころのない漠然とした答えが返ってきます。質問は具体的であればあるほど知りたい答えを引き出すことができるのです。質問はセリフでつくっておきましょう。

184ページに記入したポイントの中から公開情報でチェックできない・しづらいものを書き込もう		左に書いた軸の確認方法を考えよう。質問する場合は、セリフでつくっておこう
【例】仕事は厳しいが、ギスギスした雰囲気ではなく、普段は笑顔で話すメリハリのある職場	➡	【例】職場見学 （1日オフィスの隅で、会社を見学させてもらう）
ポイント	➡	**確認方法**
ポイント	➡	**確認方法**
ポイント	➡	**確認方法**
ポイント	➡	**確認方法**
ポイント	➡	**確認方法**

33 自己分析は「行動」と「分析」のセットで「らせん状」に深める

そろそろ本書も終わりに近づいてきました。

わたしが天職コンサルティングで行なう分析法はほかにもまだまだありますが、本書で紹介するワークはあと1つだけ。

「えっ！　まだ夢もやりたい仕事も見つからないよ……」と不安な人。

「やりたい仕事、行きたい会社が見つかった！」という人。

「どこまでやったら自己分析は完ぺきなの？」と思っている人。

今あなたがどんな心境でも、ここまでのステップは成功です。本項では、この先の仕事選びをより効果的に進めるために非常に大切なことをお話しします。幸せに成功している人たちが無意識に行なっている自己分析の習慣についてです。

まず、お伝えしたいのは、**「自己分析とは、1回したら終わりではなく永遠に続くものである」**ということです。

自己分析とは、永遠に続くものである

「自己分析は永遠に続くもの」ですが、それは、答えにたどりつけない永遠の旅というわけではありません。その時々で小さな答えを見つけながら深めていくものです。自己分析の**深さに応じた喜びがあります。**

まず、生活のために嫌々働くライスワーク（rice work）ではなく、好きな仕事をするライクワーク（like work）が実現します。ライクワークに就いている人は、やりがいをもってパワフルに活動しています。

もう少し進むと、自分らしさを活かして人を豊かにし、喜びを共有するライフワーク（life work）。ライフワークに生きる人は、夢や希望に向かって使命に沿った仕事をしているので、好き嫌いを超えた喜びや感謝でイキイキと輝いています。

そしてライトワーク（light work）。わたしは天命と定義しています。天からの命令にしたがって動かされる自我を超えた活動です。

天職に就いたはずだし、不満もストレスもないのに、なんだかモヤモヤする人、どうも最近、滞っているという感覚がある人は、次のステージへ進みたいタイミングか

もしれません。

自己分析の深まりにしたがって、仕事のステージが上がり、喜びと充実感はどんどん大きくなっていくのです。

このようなステージアップの途中には、新しい特性を発見する喜びにも出会えます。

自己分析が深まると天職が見えてくる

自己分析が深まると不思議なことが起こります。

思いもよらなかった仕事や会社が、自分にぴったりだと感じる瞬間がやってくることです。

地上にいると、こっちで地面を掘っている自分と、あっちで地面を掘っている会社には接点がないように見えます。

しかし掘り下げてみたら、同じ地下水脈や同じ油田を掘っていたことに気づきます。

掘り下げていかないと、地下の深いところでつながっていることがわからないのです。

「喜びの源泉」でつながった仕事を見つけるためには、自己分析が必要なのです。

そして、自己分析が深まれば深まるほど、エネルギッシュになります。

井戸水とマグマでは、マグマのエネルギーのほうが大きいですね。地表に近いところにあるものよりも、核に近くなればなるほどエネルギーが大きくなります。人も同じ。自分自身の核に近づけば近づくほどエネルギーがわいてきます。

エネルギーが大きい人は人を引きつけますし、仕事をしてもうまくいくことが多いのです。

幸せな成功者はいつも自己分析をしている

自己分析は、「らせん状」に弧を描きながら深めるものです。しかし、普通の人は大きな階段を降りるように直線的な自己分析をしています。

普通の人が自己分析をするのは3回。①仕事選びをはじめるとき、②面接がうまくいかないとき、③入社する会社を決めるときです。3回では、らせんは描けません。

入社してから自己分析をするのは、人事評価のときくらいです。ですから、入社したらまったく自己分析のチャンスがない人もいます。多い人で3カ月に1回。平均すると半年から1年に一度でしょう。この人事評価のタイミングに半年なり1年なりの行動を自己分析しますが、翌日には普段の生活に戻ります。このように少し深めて、そのあとは平ら、という階段を降りるのです。

◐幸せな成功者と普通の人の違い◑

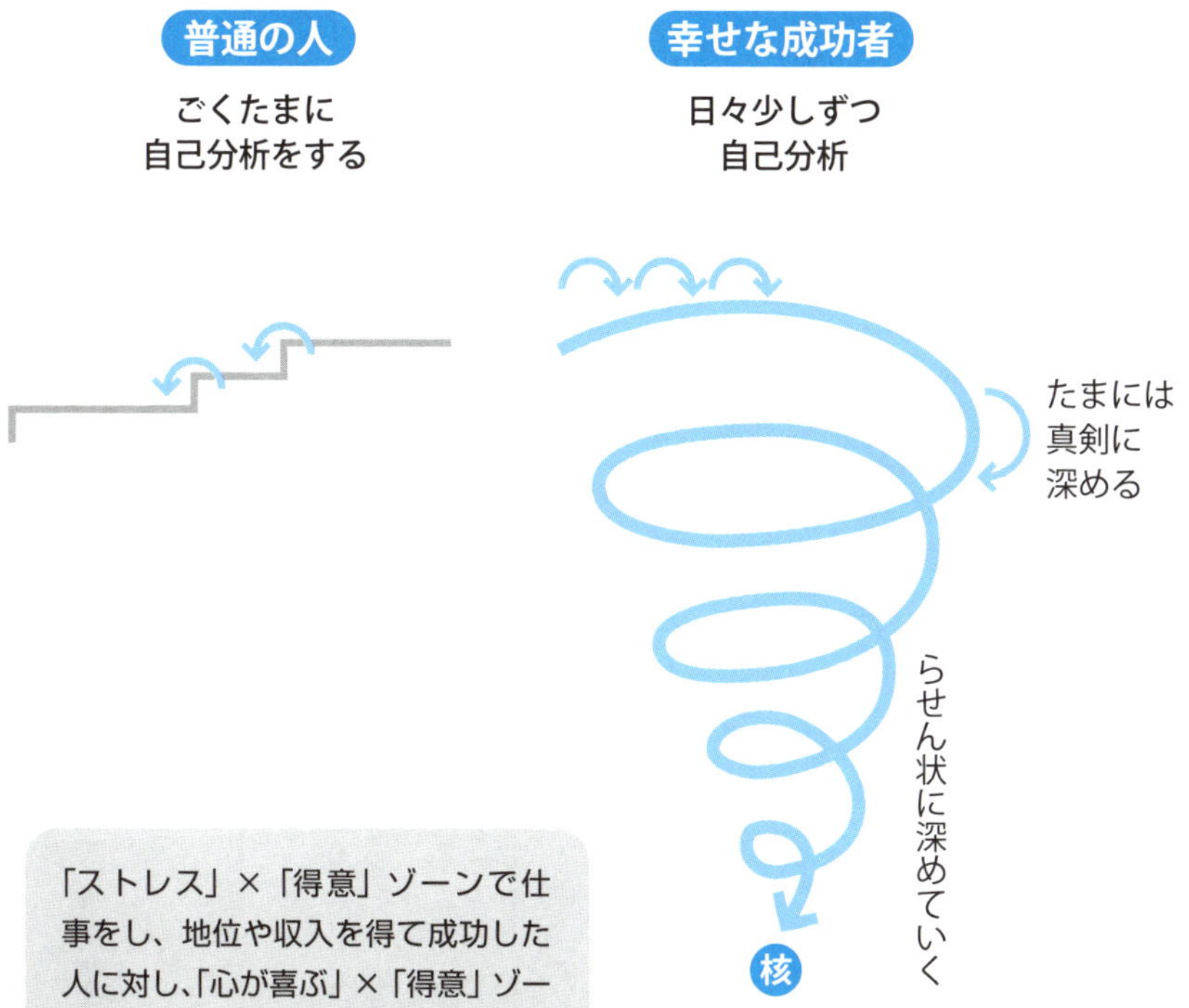

「ストレス」×「得意」ゾーンで仕事をし、地位や収入を得て成功した人に対し、「心が喜ぶ」×「得意」ゾーンの仕事で経済的にも精神的にも満たされている人をわたしは「幸せな成功者」と呼んでいます。

幸せな成功者は、階段ではなく「らせん状」に自己分析を深めます。自己分析の頻度が圧倒的に違うのです。

1つひとつの仕事をやり遂げるたびに自己分析するのは当然のこと、その過程に起こる日々の小さな出来事も自己分析の材料にしています。

この習慣は幸せな成功者にとっては無意識であることが多いです。「幸せに成功する秘訣の1つは自己分析だよ。そのやり方はね……」と教えてくれる人が少ないのは、無意識に行なわれている、成功者の特別な習慣だからでしょう。

彼らは喜びの源泉を満たす得意な仕事で自分らしく働きながら、「私の喜びの源泉は○○だな」「○○がストレスだな」と、さらに自己分析をします。ですからどんどん仕事選びのポイントの精度が高くなります。そうすると、ますます「心が喜ぶ」×「得意」な仕事を追求できるので一層幸せで充実した毎日になるのです。

このように幸せな成功者は、日常の小さな出来事を材料に日々、自己分析をし、らせんを描くように自然と自分の核に近づいていくのです。

自己分析を深める秘訣は、「行動」と「分析」をセットで繰り返すこと

核へと深めていくには、「行動」と「分析」をセットで繰り返すことが重要です。どちらかが欠けると深まりはストップします。

本書で取り組んできたように、立ち止まって分析する時間は非常に大切です。しかし、ずっと考えているだけだと、らせんの回転を2～3周したところで思考が止まってしまいます。そこで行動しましょう。行動することで新しい経験と感情・感覚を得られ、**らせんが再び回りはじめる**のです。

一方、行動だけだと、同じ位置でループしてしまって深まりません。堂々めぐりをしている人は分析が足りないか、分析の仕方に工夫が必要だということです。

もちろん仕事選びの情報収集も、面接で質問されたことも自己分析の材料となります。

「行動したら分析。そして行動、また分析」

「行動」と「分析」をセットで繰り返してはじめて、自己分析は深まっていきます。
本書で紹介してきたワークが「分析」と「行動」のセットになっているのはこのためなのです。

次項は、いよいよ最後のワークです。
これまで、過去・現在を見つめてきました。次は未来です。
幸せな未来をつくる『キャリアビジョンの描き方』についてお話しします。

34 キャリアビジョンは、「どうありたいか」で描こう

仕事選びが進むにつれて自然と将来の自分を想像し、キャリアビジョンを描きたくなるものです。面接で聞かれることも出てくるでしょう。キャリアビジョンが描けたら仕事選びが一層楽しくなりますし、本気で仕事に向かう力にもなります。

一方で、キャリアビジョンを描くのは難しい、という人が多いのも事実。

キャリアビジョンを描こうとすると、**「すること」を考えがちですが、わたしはまず「どうありたいか」を意識する**ようにおすすめしています。

「どうありたいか」とは、

- **どんな人と、どんなふうに、何のために仕事をしますか？**
- **人としてどう生きていきたいですか？**
- **どんな人生を歩みたいですか？**

これらを考えることです。

なぜ「どうありたいか」に注目するかというと、最初から「何歳で○○をする」という形式のキャリアビジョンを描ける人は非常に少ないからです。

業種・職種にこだわらずに仕事選びをしている人は、入社する会社によって仕事内容は180度異なります。ローテーションで異動する人は、何歳でどの部署で何をするか、決めるのは自分ではなく会社です。「すること」で目標を描くのは、現実的ではありません。

また、この「何歳で○○をする」方式のキャリアビジョンでは、根本的に間違う可能性があります。せっかく心が喜び、本来の自分が輝ける仕事を探してきたのに、知らず知らずのうちに既成概念にとらわれて、本来の自分の喜びとはまったく異なることを目標にしてしまう危険性を含んでいるのです。たとえば、1人で実務に向かうのが好きな人が、「昇進してたくさんの部下をマネジメントする」とか、向いてない仕事に対して「○○はつぶしがきくから」といった具合です。

自分ではコントロールできない結婚や出産を予定に組み込むことで、可能性を制限することもあります。

ですから、「どうありたいか」で描くキャリアビジョンをおすすめするのです。「どうありたいか」と聞かれて、パッと思いつくことは少ないでしょう。ですからイメージするためのワークを最後に用意しました。

次のワークをはじめる前に、ちょっぴりお話しさせてください。

最後のワークにそえて——後悔のない人生を送るために

突然ですが、「あなたが死んだあと、集まった人からどんな人だったと言われたいですか?」と問われたら、どう答えますか?

これは、わたし自身が面接で聞かれた質問でもあります。

この質問を念頭に置いて、わたしの亡き父の思い出を読んでください。


父は生前、わたしにこう言っていました。

「葬式に何人の人が集まってくれるかで人生の価値が決まるんだ」

十代のころのわたしは、「友だちは数より質が大事」と反発していました。「大きなお葬式をしたいなんてかっこ悪い」とも思っていました。

それから20年近くが過ぎた、夏。父が亡くなった翌日、お通夜での出来事です。

地元の斎場で一番大きな会場に入りきれないほどの人が集まっていました。お通夜が終わっても、なぜかみなさん帰らないのです。仕事関係の方、同窓生、近所の人、わたしの同級生……。そして、みなさんが声をかけてくれました。

「おいちゃんに励まされたのが転機になって、ここまでがんばってこれたのよ」

「うちの子のことをよく気にかけていただいて、こんなに立派になりました」

「人生を投げ出しそうだったとき、治さんに助けてもらったんです。ありがとう」

「人づきあいが苦手で友だちが少ないわたしが商売をやってこれたんは、お父さんのおかげでね、本当に感謝しちょります」

「お世話になってばかりだったから、『お願いがある』って言ってもらったときは本当にうれしくて、今でもはっきり覚えているよ」


親せき、よく家に遊びに来ていたおじちゃん、よく知らないおじさま・おばさま、たくさんの人に声をかけていただきました。わたしの同級生でさえ、知らないところで父とかかわっていて思い出を語ってくれました。わたしの父だからではなく、父自身とのお別れをするために来てくれていたのです。

翌日のお葬式。昨日のお通夜に来ていた人が、また来てくださっています。みな、ひつぎにお花をたむけたいと、娘のわたしに2順目が回ってこないくらいの人だかりでした。

純粋に父とお別れをするために集まってくださった人たち。心のつながりをもった、大切な人たちがたくさん来てくださいました。

来てくださった方への感謝とともに、こんな生き方をした父ってすごい！　という実感がわいてきました。

「葬式に何人の人が集まってくれるかで人生の価値が決まる」ってこういうことだったんだ……。はずかしながら、このときにはじめて気がついたのです。

父はこうも言っていました。

「この世に未練はあるが、後悔はない」

夢に向かって生きていたらいつまでたっても「やりきった」と思うことはないのかもしれません。しかし、これまでにしてきた選択に納得していたら「後悔はない」と言えるのではないでしょうか。

もし、これまでの人生に後悔がある人はどうするかって？

大丈夫です。〝過去〟は変えられますから。

もちろん、起こった出来事は変わりません。

しかし今、幸せなら過去のすべてを愛せるようになります。

これからの生き方次第で、今感じている後悔も消える日がくるのです。

「後悔はない」、そう言える未来をつくりたいですね。そのカギは「どうありたいか」を考えることです。

では、わたしの面接の場面に戻りましょう。「あなたが死んだあと、集まった人からどんな人だったと言われたいですか?」と聞かれて、とっさに出た言葉は……。

「『人を輝かせるのが上手な人だったね』と言われたいです」

ひつぎの中のわたしは、笑顔の人たちに囲まれています。そしてわたしを囲む人たちは口々にその人自身の人生がどれだけ幸せなのかを語っています。反発していたはずなのに、たくさんの人たちに見送られている姿が目に浮かびました。

本書は、そんな未来を実現する仕事の1つとして、心を込めて書きました。

あなただけの喜びの源泉を追求し、あなたらしい特性を存分に活かしてください。本書が夢を見つけるきっかけとなり、よりあなたらしさを輝かせるパートナーとなったらこれほどうれしいことはありません。

では、最後のワークです。

あなたが死んだあと、集まった人からどんな人だったと言われたいですか?

次のページのワークで、あなたは「どうありたいか」を考えてみましょう。

シート㉙「どうありたいか」を考えるワーク

お葬式には、あなたの大切な人たちが集まります。
まわりにはどんな人がいますか？
その人たちは、どんな顔をしていますか？
そして、あなたの思い出話を、どんなふうに語っていますか？
お葬式に集まった人からどんな人だったと言われたいですか？

＿＿＿＿＿＿＿＿＿＿＿＿＿＿＿＿＿＿＿＿な人だったね。

＿＿＿＿＿＿＿＿＿＿＿＿＿＿＿＿＿＿＿＿な人生だったね。

イメージしやすいほうで文章をつくってみてください。
この方向に人生が進むように、特性を磨き、仕事を選んで、輝いていきましょう。

おわりに

世の中にはたくさんのノウハウがあるのに、どうしてなかなか満たされないのでしょうか。それは、自分にあわないノウハウを選んでいるからだと思います。誰かの成功パターンと、あなたにあった成功パターンは異なります。あなただけの成功法則をつくっていってください。

ただそれは、ゼロからつくるのではありません。あなたはすでに、たくさんの魅力をもっています。「喜びの源泉」と「特性」が重なるところ。

本当のあなたはすでに輝いていて、まわりを覆うものが、その輝きを曇らせているのです。あなたにあわないノウハウ、「わたしはダメだ」という大前提、常識、親・友人・先生・世間という他人の目、「ちゃんとしなきゃ」「べき」という思い込み、正誤・損得での判断……これらの曇りを取り、心の奥にある火種を、大きく育てていきましょう。

あなたの輝きを押さえているもう1つは、原始反射の残存です。わたしはこれを、「才能へのロック」だと解釈しています。

原始反射については、本書では一部しか触れられませんでしたが、身体が育つことで、心や思考力、意志が育ちます。苦手・ストレスが減り、特性を活かしやすくなり、結果、自分らしさが自然と出せるようになります。

生きづらさを抱えながらがんばっている人や、すでにうまくいっているけれど、もっと才能を開いて次のステージへ進みたい人は、ぜひ、原始反射の統合に取り組んでいただきたいと思います。

わたし自身も、そのサンプルとして、ブログやインスタ、ツイッター、フェイスブックなどで発信していきますね。

本書が、あなたの本来の輝きを放つ一助になることを願い、あなたらしさが「一番輝く」仕事につながることを信じて、パソコンを閉じます。

感想をSNSにアップされたら、タグ付けしてくださいね。あなたの輝きが見られることを、楽しみにのぞきにいきます。ブログ、フェイスブック、またはどこかの会場でお会いしましょう！

梅田　幸子

梅田 幸子（うめだ さちこ）

天職コンサルタント・採用育成コンサルタント。有限会社グローカル取締役。1973年山口県生まれ。大学卒業後、東証一部上場企業からベンチャー企業まで３社にて採用・育成を中心に人事全般を担当するも、個人のキャリアを継続的にサポートしたいと2005年に独立。

4000名を超える人を面接してきた経験に加え、心・思考・身体の３方向からのアプローチで、自分らしい天職を生きるための講演やワークショップ、個人コンサルティングを行っている。

また、採用育成コンサルタント、研修講師として、自社にマッチした人材を見出し、社員の個性と可能性を引き出したいと考える企業を、一部上場企業から中小企業まで幅広くサポートしている。

著書に『はじめての転職100 問100 答』（明日香出版社）、『だから内定をのがす！もったいないカン違い45 』（日本経済新聞出版社）、『「就活」成功の秘訣』（洋泉社）がある。

■梅田幸子 ホームページ　http://with-c.net/
■著者ブログ　http://ameblo.jp/11oya/
■この本の内容については、著者メールアドレスへ　sachi@glocal-ltd.jp

あなたが「一番輝《いちばんかがや》く」仕事《しごと》を見《み》つける
最強《さいきょう》の自己分析《じこぶんせき》

2017年11月16日　初版発行
2025年６月20日　９版発行

著者／梅田《うめだ》 幸子《さちこ》

発行者／山下 直久

発行／株式会社KADOKAWA
〒102-8177　東京都千代田区富士見2-13-3
電話　0570-002-301（ナビダイヤル）

印刷所／TOPPANクロレ株式会社

●お問い合わせ
https://www.kadokawa.co.jp/（「お問い合わせ」へお進みください）
※内容によっては、お答えできない場合があります。
※サポートは日本国内のみとさせていただきます。
※Japanese text only

定価はカバーに表示してあります。

ISBN 978-4-04-602062-8　C0030